© Copyright Upbility Publications LTD, 2017

Cette publication est protégée par le droit d'auteur. La mention des droits d'auteur, présente sur chaque page, doit être conservée sur tous les exemplaires (impressions, etc.) de cette page. L'absence de cette mention constitue une violation de la loi relative aux droits d'auteur et expose le contrevenant à des poursuites judiciaires.

Les opinions exprimées dans cet ouvrage sont uniquement celles de l'auteur. Ce dernier garantit être le propriétaire du contenu de ce livre ou disposer des droits nécessaires sur ledit contenu.

Toute publication ou reproduction du matériel, intégrale ou partielle, de quelque manière que ce soit, ainsi que toute traduction, adaptation ou exploitation de quelque manière que ce soit, sont interdites sans l'autorisation écrite expresse de l'éditeur, sauf pour l'utilisation de courtes citations dans une critique de livre. Est également interdite toute reproduction de la composition, de la mise en page, de la couverture et plus généralement, de tout l'aspect graphique du matériel, par quelque moyen que ce soit (photocopie, moyen électronique ou autre). Tout exemplaire des pages de cet ouvrage doit contenir la mention des droits d'auteurs.

Upbility Publications LTD, 81-83 Grivas Digenis Avenue, 1090 Nicosia, Cyprus

Adresse électronique : info@upbility.eu

www.upbility.fr

SKU: FR-EB1091

Auteur: Aliki Kassotaki | logopède, MSc, BSc

Traduction et révision des textes: Emilie Sel

Les grandes compétences sociales - Membre d'un groupe

Table des matières

Théorie

Les compétences sociales : définition	3
Étapes à suivre pour enseigner les compétences sociales	4
Objectifs du programme d'intervention	8
Aperçu du contenu	9
Description des activités	10
Jeu et compétences sociales - Tableau du développement de l'enfant	12

Activités pratiques

Chaque chapitre comprend les activités suivantes : petite histoire du quotidien, construction d'une histoire personnelle, analyse d'une situation sociale via des questions, choix de la meilleure situation sociale, résolution d'un problème, dialogues (petites bandes dessinées), jeu de rôle, activité de groupe, document destiné aux parents (mise en pratique), récompense à attribuer.

1. Je fais connaissance avec les membres d'un nouveau groupe	15
2. Je pose des questions	26
3. Je partage	46
4. Je coopère	59
5. Je respecte les règles	73
6. Nous prenons des décisions communes	92
7. J'accepte la différence	105
8. Mes modèles	117
9. L'identité du groupe	130
10. De vrais amis	143

Les grandes compétences sociales · Membre d'un groupe

Étapes à suivre pour enseigner les compétences sociales

Il existe cinq étapes à suivre pour enseigner des compétences sociales :

1. Évaluation du fonctionnement social
2. Distinction entre les déficits de performance et d'acquisition
3. Choix des stratégies d'intervention
4. Mise en œuvre de l'intervention
5. Évaluation et suivi des progrès

① Évaluation du fonctionnement social

La première étape de chaque programme d'entraînement aux compétences sociales doit consister à évaluer précisément le niveau de fonctionnement social de l'enfant. Il s'agit de répondre à une question fondamentale mais complexe : qu'est-ce qui l'empêche de construire et de maintenir des relations sociales ? Pour la plupart des enfants, la réponse prend la forme de lacunes particulières dans les capacités sociales. D'autres expérimentent la dureté et le rejet de leurs condisciples. Enfin, certains connaissent les deux problèmes.

② Distinction entre les déficits de performance et d'acquisition

Lorsqu'on a évalué le fonctionnement social de l'enfant et décidé des compétences à lui enseigner, il est indispensable de déterminer si ses lacunes dans les compétences sociales sont le résultat de déficits d'acquisition ou de performance *(Elliott & Gresham, 1991)*. En d'autres termes, la réussite du programme d'intervention dépendra de votre capacité à distinguer entre les déficits d'acquisition et ceux de performance.

Un déficit dans l'acquisition des compétences sociales signifie qu'il manque à l'enfant une capacité ou un comportement spécifique. Par exemple, il se peut qu'un jeune enfant qui présente des troubles autistiques ne parvienne pas à s'intégrer dans des activités avec ses condisciples parce qu'il ignore comment faire. Si l'on veut que cet enfant se joigne aux autres, il faudra lui apprendre les capacités nécessaires pour y arriver.

Un déficit de performance signifie que l'enfant possède une capacité ou un comportement, mais qu'il ne l'applique pas. Par exemple, il arrive qu'un enfant ait la capacité ou la possibilité de participer à une activité mais que, pour une raison quelconque, il ne s'y intègre pas.

Les grandes compétences sociales · Membre d'un groupe

Étapes à suivre pour enseigner les compétences sociales

Dans ce cas, il ne faudra pas lui apprendre comment se joindre aux autres (puisqu'il en est capable), mais traiter le facteur qui l'empêche de mettre cette compétence en application. Celui-ci peut être un manque de motivation, du stress, une sensibilité sensorielle plus importante que la moyenne, etc.

Un enfant qui présente des troubles autistiques n'a pas facilement de bonnes relations sociales, parce qu'il ne dispose pas des capacités nécessaires pour y arriver. Si l'on veut qu'il ait de bonnes relations, il faudra lui apprendre ces compétences et l'aider à les développer.

L'avantage de distinguer entre des déficits d'acquisition et de performance des capacités est que cela oriente le choix des stratégies d'intervention.

③ Choix des stratégies d'intervention

Environnement naturel et assimilation

Lors du choix des stratégies d'intervention, il est important d'examiner la notion d'environnement naturel (entre autres le domicile) en lien avec l'assimilation. L'environnement naturel de l'enfant est lié à l'enseignement des capacités sociales : via les exemples qu'il lui montre, il peut promouvoir des interactions positives.

L'assimilation correspond aux consignes et aux conseils qui simplifient le développement des capacités, permettant à l'enfant d'avoir plus de succès dans les interactions sociales. La clé pour un programme réussi d'apprentissage des compétences sociales est de faire attention tant à l'environnement qu'aux conseils que vous prodiguerez pour une meilleure assimilation des compétences. En ne vous focalisant que sur l'un de ces aspects, vous risquez de mener l'enfant à un échec.

Scénarios sociaux (Social Stories)

Le scénario social est souvent utilisé pour apprendre des compétences sociales aux enfants avec des besoins particuliers. Il s'agit d'une approche amusante, qui leur présente les notions et les règles sociales sous la forme d'une courte histoire. Vous pouvez utiliser cette stratégie pour enseigner une série de notions sociales et comportementales ; l'enfant sera exposé à une situation sociale où il aura l'occasion d'utiliser la capacité. Pour plus d'informations sur la construction d'un scénario social, vous pouvez consulter *Carol Gray, 1995*.

Les grandes compétences sociales · Membre d'un groupe

Étapes à suivre pour enseigner les compétences sociales

Jeux de rôle (Role Playing/Behavioral Rehearsal)

Le jeu de rôle est souvent utilisé pour enseigner les compétences de base de l'interaction sociale. Il s'agit d'une approche efficace qui permet de pratiquer ces capacités de manière positive *(Gresham, 2002)* : les mises en situation et les activités se basent sur le quotidien, mais sont menées dans un environnement construit. Ceci permet à l'enfant de s'exercer aux compétences et stratégies nouvellement acquises, ou d'apprendre des compétences qu'il connaît mais qu'il applique difficilement.

Le jeu de rôle peut être constitué d'éléments construits ou improvisés. L'enfant reçoit un scénario de base, qui présente l'idée générale mais qui n'est pas précis (par exemple, demander à un condisciple de jouer avec lui). Il peut s'agir d'une question ou d'une affirmation, sur la base de laquelle l'interaction sera improvisée.

En général, au début, les enfants éprouvent des difficultés à prendre des initiatives (ils ne savent pas ce qu'ils doivent dire ou comment faire avancer l'action). Il faut leur donner du temps pour qu'ils s'entraînent et qu'ils réagissent à un scénario. Au fil des essais, leur vitesse devrait augmenter ; de même, les actions et les répliques devraient devenir plus complètes.

④ Mise en œuvre de l'intervention

Lorsqu'on a évalué le fonctionnement social et déterminé les compétences à enseigner, il faut appliquer les stratégies d'enseignement des compétences sociales à des contextes divers (à la maison, en classe, chez le spécialiste, dans l'aire de jeux, en communauté, etc.). Le but des capacités apprises devra être la réussite des interactions sociales avec les autres enfants, dans leur environnement quotidien. Dès lors, si l'enfant apprend les compétences sociales chez un spécialiste, il faudra mettre en place un plan qui facilite le transfert des capacités apprises dans l'environnement naturel. Les parents et les enseignants devront chercher des occasions pour pratiquer et renforcer les capacités enseignées chez le spécialiste. Il faut cependant savoir que le rythme de développement de ces compétences diffère de manière significative d'un enfant à l'autre.

Étapes à suivre pour enseigner les compétences sociales

5 Évaluation et suivi des progrès

Il est nécessaire d'avoir des données précises pour évaluer l'efficacité de l'intervention. Cela permet de savoir si l'enfant profite de l'enseignement, mais aussi de déterminer comment adapter le programme pour qu'il réponde au mieux à ses besoins.

Les grandes compétences sociales · Membre d'un groupe

Objectifs du programme d'intervention

① Compréhension des sentiments et des émotions :
- ✓ Comprendre les compétences de communication non verbale (contact visuel, gestes, expressions faciales, langage corporel, etc.)
- ✓ Comprendre les émotions et les sentiments
- ✓ Comprendre que les autres peuvent avoir des idées et des sentiments différents des nôtres
- ✓ Comprendre les émotions et les sentiments des autres (empathie)

② Réponse adéquate dans l'interaction :
- ✓ Répondre à une salutation
- ✓ Répondre à un appel (de condisciples, d'amis, etc.)
- ✓ Répondre à des questions fermées
- ✓ Répondre dans une conversation
- ✓ Répondre aux compliments

③ La capacité d'initier le dialogue :
- ✓ Saluer des personnes familières de sa propre initiative
- ✓ Demander à d'autres enfants de jouer avec soi
- ✓ S'intégrer à un groupe d'enfants qui jouent déjà ensemble
- ✓ Demander directement quelque chose que l'on veut, au moment où on le veut
- ✓ Appeler à l'aide, quand c'est nécessaire
- ✓ Entamer des conversations avec les autres
- ✓ Capter l'attention des autres
- ✓ Proposer de l'aide aux autres lorsqu'ils en ont besoin

Aperçu du contenu

Les compétences sociales développées dans ce livre sont les suivantes :

1. **Je fais connaissance avec les membres d'un nouveau groupe :** *Approcher de nouvelles personnes qui font partie d'un groupe, prendre part à leurs discussions et faire connaissance avec elles.*

2. **Je pose des questions :** *Approcher les membres d'un groupe en leur posant des questions.*

3. **Je partage :** *Réaliser l'importance de la notion de partage, en tant que membre d'un groupe.*

4. **Je coopère :** *Réaliser l'importance de la notion de coopération, en tant que membre d'un groupe.*

5. **Je respecte les règles :** *Hiérarchiser les règles et les respecter.*

6. **Nous prenons des décisions communes :** *Découvrir les étapes que l'on suit lorsqu'on est amené à prendre des désisions communes en tant que groupe.*

7. **J'accepte la différence :** *Comprendre la différence, la respecter et l'accepter, en tant que membre d'un groupe.*

8. **Mes modèles :** *Comprendre ce que sont les modèles et le rôle qu'ils jouent dans nos vies.*

9. **L'identité du groupe :** *Comprendre ce en quoi consiste l'identité d'un groupe et la sécurité/l'assurance qu'elle apporte aux membres du groupe.*

10. **De vrais amis :** *Comprendre ce qu'est une amitié vraie et la reconnaître.*

Description des activités

Le livre "Les grandes compétences sociales - Membre d'un groupe" couvre dix capacités de socialisation, plus spécifiquement au sein d'un groupe. Chaque chapitre comprend dix activités d'intervention pour renforcer la capacité sur laquelle il se concentre.
Plus précisément, les activités de chaque chapitre sont les suivantes :

1 **Petite histoire du quotidien.** Le spécialiste présente un scénario social avec le volume, l'intonation et le rythme voulus. L'enfant écoute avec attention. L'histoire est illustrée, ce qui en facilite la compréhension.

2 **Construction d'une histoire personnelle.** Pour une meilleure compréhension du scénario, vous pouvez l'adapter à l'enfant avec l'aide de ses parents, en utilisant des photos de lui et des membres de sa famille.

3 **Analyse d'une situation sociale via des questions.** L'enfant est appelé à comprendre la situation sociale en répondant tout d'abord à des questions fermées (oui, non), puis à des questions ouvertes.

4 **Choix de la meilleure situation sociale.** Lorsque l'enfant a écouté le scénario décrit, il est appelé à choisir la bonne interaction sociale. Il a deux options possibles.

5 **Résolution d'un problème.** L'enfant écoute la présentation d'une situation et est appelé, avec l'aide du spécialiste et en suivant des étapes précises, à résoudre le problème qui s'y pose.

6 **Dialogues (petites bandes dessinées).** Pour chaque dialogue, l'enfant est appelé à déterminer si l'interaction dessinée est correcte ou non.

7 **Jeu de rôle.** (Role Playing/Behavioral Rehearsal). L'enfant est appelé à prendre part à des jeux de rôle (selon une structure spécifique), pour comprendre et agir dans la situation sociale.

Description des activités

(8) **Activité de groupe.** L'objectif de cette activité est d'adapter la compétence apprise à l'environnement quotidien de l'enfant.

(9) **Document destiné aux parents (mise en pratique).** Il s'agit d'une lettre adressée aux parents pour un entraînement supplémentaire et une généralisation des comportements à tous les environnements.

(10) **Récompense à attribuer.** Il s'agit d'une forme de félicitations pour le travail fourni par l'enfant. Ce document est l'un les plus importants de ce livre, parce que la reconnaissance des efforts et de l'amélioration de l'enfant est très importante. Elle l'encourage à persévérer, à appliquer ce qui a été appris, en renforçant sa confiance et son estime de soi.

Les grandes compétences sociales · Membre d'un groupe

Jeu et compétences sociales - Tableau du développement de l'enfant

Instructions à l'usage des parents : Répondez à toutes les questions jusqu'à l'âge actuel de votre enfant, en cochant « oui » ou « non ».
Comment interpréter ce tableau ? Si vous avez coché la case « non » deux fois ou plus, demandez de l'aide.

Âge :	Capacité :	OUI	NON
6 mois	Il maintient le contact visuel (quelques secondes).		
	Il sourit quand on s'approche de lui.		
	Il rit quand il joue.		
	Il se calme (lorsqu'il pleure).		
	Il manipule et examine les objets.		
6 à 12 mois	Il réagit à des jeux visuels et auditifs (tels que « Coucou ! Beuh ! » ou « Bouh ! »).		
	Il applaudit quand on le lui demande.		
	Il lève spontanément les bras vers ses parents.		
	Il tend spontanément ses jouets aux autres.		
	Il réagit aux expressions du visage.		
	Il imite les actions d'un adulte.		
	Il place spontanément une poupée ou une peluche avec la tête vers le haut.		
1 à 2 ans	Il applaudit quand on le lui demande.		
	Il lève spontanément les bras vers ses parents.		
	Il tend spontanément ses jouets aux autres.		
	Il réagit aux expressions du visage.		
	Il imite les actions d'un adulte.		
	Il place spontanément une poupée ou une peluche avec la tête vers le haut.		
	Il se reconnaît dans un miroir.		
	Il cherche spontanément des objets cachés.		
	Il peut jouer à des jeux de rôle avec des actions simples.		
	Il utilise un jouet fonctionnel.		
	Il dit « bonjour ».		

Observations / commentaires :

Les grandes compétences sociales · Membre d'un groupe

Jeu et compétences sociales - Tableau du développement de l'enfant

Instructions à l'usage des parents : Répondez à toutes les questions jusqu'à l'âge actuel de votre enfant, en cochant « oui » ou « non ».

Comment interpréter ce tableau ? Si vous avez coché la case « non » deux fois ou plus, demandez de l'aide.

Âge :	Capacité :	OUI	NON
2 à 3 ans	Il peut exprimer ses désirs et ses sentiments (par exemple « Je veux du jus »).		
	Il s'occupe des ses poupées ou de ses peluches comme si elles étaient vivantes.		
	Il joue près d'autres enfants.		
	Il utilise des symboles dans ses jeux – par exemple, un bâton peut devenir une épée (jeu symbolique).		
	Il reproduit dans ses jeux des scènes du quotidien (par exemple une visite chez le médecin).		
3 à 4 ans	Il joue avec des jouets mécaniques.		
	Il joue avec d'autres enfants à des jeux où il faut respecter son tour.		
	Il joue avec deux ou trois enfants dans un groupe.		
	Il joue à des jeux dont les scènes dépassent son expérience personnelle (par exemple, le sauvetage de vies par des pompiers).		
	Il parle de ses sentiments.		
	Il a honte quand il est surpris à faire quelque chose qu'on lui a interdit.		
4 à 5 ans	Il joue avec les autres enfants, avec des objectifs communs dans le cadre du jeu.		
	Il fait preuve d'imagination dans ses jeux.		
	Il participe à des jeux aux règles simples (comme le jeu de cache-cache).		
5 à 6 ans	Il négocie durant le jeu.		
	Il peut participer à un jeu bien organisé.		
6 à 8 ans	Il joue dans de petits groupes, qui inventent leurs propres jeux et leurs règles.		
	Il joue à des jeux d'équipe, mais ne supporte généralement pas bien la défaite.		
	Il apprécie les jeux avec d'autres enfants du même sexe.		

1

Je fais connaissance avec les membres d'un nouveau groupe

Les grandes compétences sociales · Membre d'un groupe / Je fais connaissance avec les membres d'un nouveau groupe

Petite histoire : *Le spécialiste lit le scénario à voix haute. Évitez les expressions qui pourraient inquiéter ou stresser l'enfant (intonation et volume de la voix). Le contenu et la manière d'exposer les scénarios doivent être adaptés à son âge et à son niveau de compréhension.*

Je fais connaissance avec les membres d'un nouveau groupe

Souvent, on veut se joindre à d'autres personnes, dans un groupe. Cependant, ce n'est pas toujours facile de faire connaissance avec de nouvelles personnes. Il faut du temps pour connaître quelqu'un.

Vous êtes allés à la fête, hier ?

La première étape est de commencer une conversation.
Essaie de penser à un sujet qui peut intéresser l'autre personne, comme une chose que vous avez peut-être vécue ou faite tous les deux. Par exemple, tu peux dire : "Tu as vu le match de foot, hier soir ?", ou encore : "Il y avait beaucoup d'exercices à faire en mathématiques."

Quand on commence une conversation, en général, l'autre personne répond et le dialogue continue. Lorsque tu te sens à l'aise avec l'autre, vous pouvez prévoir des activités ensemble, faire des choses ensemble.

Les grandes compétences sociales · Membre d'un groupe / Je fais connaissance avec les membres d'un nouveau groupe

Petite histoire : *Adaptez le scénario à l'enfant avec qui vous travaillez. Demandez des photographies à la personne responsable de l'enfant et collez-les ci-dessous.*

Je fais connaissance avec les membres d'un nouveau groupe

Collez ici une photo de l'enfant dans un groupe (à l'école, dans une équipe sportive, etc.).

Quand vous avez collé la photo, parlez avec l'enfant des membres d'un groupe. Vous pouvez lui dire ce qui suit :

Souvent, on veut se joindre à d'autres personnes, dans un groupe. Cependant, ce n'est pas toujours facile de faire connaissance avec de nouvelles personnes. Il faut du temps pour connaître quelqu'un. La première étape est de commencer une conversation.

Essaie de penser à un sujet qui peut intéresser l'autre personne, comme une chose que vous avez peut-être vécue ou faite tous les deux. Par exemple, tu peux dire : "Tu as vu le match de foot, hier soir ?", ou encore : "Il y avait beaucoup d'exercices à faire en mathématiques."

Quand on commence une conversation, en général, l'autre personne répond et le dialogue continue. Lorsque tu te sens à l'aise avec l'autre, vous pouvez prévoir des activités ensemble, faire des choses ensemble.

Demandez à l'enfant quels sont ses sentiments et ses inquiétudes par rapport aux autres membres du groupe.

Les grandes compétences sociales · Membre d'un groupe / Je fais connaissance avec les membres d'un nouveau groupe

Analyse d'une situation sociale via des questions

But : apprendre à l'enfant les étapes de base qui lui permettront de renforcer ses liens avec des personnes de son âge.

Cinq enfants ont été sélectionnés pour l'équipe de basket de l'école. Ils ne se connaissent pas, mais ils vont devoir travailler ensemble, en équipe. Regarde l'image et réponds aux questions qui suivent.

1. Est-ce que tous les enfants sont des garçons ?
2. Est-ce que tous les enfants sont des filles ?
3. Est-ce qu'ils ont été sélectionnés pour l'équipe de basket ?
4. Est-ce qu'ils ont été sélectionnés pour l'équipe de football ?
5. Pourquoi les enfants sont-ils contents ?
6. Est-ce qu'ils se connaissent ?
7. Est-il facile de faire la connaissance de nouvelles personnes ? Pourquoi ?
8. Qui parle aux enfants, sur l'image, à ton avis ?
9. Pourquoi faut-il du temps pour mieux connaître quelqu'un ?
10. Comment se sentent les enfants qui se trouvent dans un groupe sans se connaître ?
11. À ton avis, que vont faire les enfants pour mieux se connaître ?
12. Que peux-tu faire pour mieux connaître un autre membre de ton groupe ?

Les grandes compétences sociales · Membre d'un groupe / Je fais connaissance avec les membres d'un nouveau groupe

Choix de la meilleure situation sociale. Lisez à l'enfant le scénario tout en lui montrant l'image 1. Montrez-lui les deux versions possibles de la suite (images 2 et 3). Il devra décider laquelle est correcte et laquelle ne l'est pas.

4

1. **Scénario :** Sébastien doit effectuer un travail de groupe à l'école. Cependant, il ne connaît pas bien les membres de son groupe.
2. Pendant le travail, Sébastien va s'approcher de son voisin et commencer une conversation, en lui disant quelque chose qui peut l'intéresser, comme : "Tu as vu le match, hier ?"
3. Quand le travail sera achevé, Sébastien va partir en courant, sans parler à personne.

Les grandes compétences sociales · Membre d'un groupe / Je fais connaissance avec les membres d'un nouveau groupe

Résolution d'un problème. *Pour résoudre correctement un problème, il faut d'abord le comprendre. Suivez le guide (les étapes d'analyse) ci-dessous, pour apprendre à l'enfant à réagir correctement face au problème.*

A. Scénario : Hélène fait partie d'un groupe pour un travail à l'école. Elle ne connaît pas bien les autres membres de son groupe et cela la met en difficulté. Que peut-elle faire pour mieux connaître les autres ?

B. Analyse / étapes :

1. **Identification du problème :** Hélène ne connaît pas bien les autres membres de son groupe.
2. **Recherche d'informations / d'idées :** Pourquoi est-elle en difficulté ?
3. **Choix d'une idée :** Que peut faire Hélène ?
4. **Élaboration et essai de l'idée :** Elle peut s'approcher des autres enfants et commencer une conversation, en leur disant une chose qui, à son avis, les intéressera. Par exemple, elle peut leur dire quelque chose sur l'école, sur leurs activités communes, etc.
5. **Évaluation du résultat :** De cette manière, les enfants se mettront à parler ensemble et Hélène se sentira plus à l'aise avec eux.

Les grandes compétences sociales · Membre d'un groupe / Je fais connaissance avec les membres d'un nouveau groupe

Dialogues (petites bandes dessinées). Ci-dessous se trouvent quatre dialogues. L'enfant doit observer les différents éléments de chaque image et indiquer, pour chacune des situations, si elle est correcte ou non, en écrivant V ou X dans la case.

6

Image 1 :
- « C'était un très beau spectacle ! »
- « Oui, il m'a beaucoup plu aussi ! »

Image 2 :
- « J'y vais ! »
- « Salut (!) »

Image 3 :
- « À demain ! »
- « ??? »

Image 4 :
- « Oui, très bon match ! »
- « Vous avez regardé le match, hier ? »

Les grandes compétences sociales · Membre d'un groupe / Je fais connaissance avec les membres d'un nouveau groupe

Jeu de rôle. *Dans cette activité, l'enfant joue des rôles de personnages fictifs, en inventant des histoires et en déterminant les actions des personnages, les règles et l'intrigue.*

7

Scénario :

1. Aujourd'hui, nous allons jouer au jeu "Je fais connaissance avec les membres d'un nouveau groupe". Nous aurons plusieurs rôles.

2. Commencez à jouer en imitant différents rôles parmi les membres d'un groupe (le meneur, le suiveur, le nouveau, etc.). Invitez l'enfant à deviner des caractéristiques, des informations sur le personnage que vous représentez.

3. Si possible, représentez les scènes ci-dessous avec un autre adulte.

4. Dans un jeu de rôle, l'enfant et vous pouvez jouer différents personnages chacun à votre tour. Vous devinez alors qui l'autre représente, puis vous discutez et vous expliquez de quelle(s) façon(s) on peut s'approcher d'un membre d'un groupe pour faire sa connaissance. Par exemple : *"La première étape est de commencer une conversation en disant quelque chose que nous avons en commun ou qui peut intéresser l'autre personne."*
   Scénario 1 : Je me joins à un groupe pour une activité.
   Scénario 2 : Je me joins à l'équipe de basket de mon école.
   Scénario 3 : J'intègre un cours de dessin.
   Scénario 4 : Je me joins à une troupe de théâtre.
   Scénario 5 : Je me joins à un groupe de danse.
   Scénario 6 : Je me joins à une équipe de natation synchronisée.
   Scénario 7 : Je me joins à une équipe de football.
   Scénario 8 : Je me joins à un groupe pour la fête de l'école.
   Scénario 9 : J'intègre la chorale de l'école.

5. Modification du scénario. À ce stade, vous pouvez modifier les scénarios ou les étoffer.

* Photos / étiquettes à utiliser pour aider les enfants qui en ont besoin.

GROUPE DE DANSE	ÉQUIPE DE BASKET	TROUPE DE THÉÂTRE
COURS DE DESSIN	CHORALE	ÉQUIPE DE FOOTBALL

Les grandes compétences sociales - Membre d'un groupe / Je fais connaissance avec les membres d'un nouveau groupe
Activité de groupe. *L'objectif de cette activité est d'adapter la compétence apprise à l'environnement quotidien de l'enfant.*

Activité de groupe

Instructions : les enfants se répartissent en duos qui ne se connaissent pas bien. Demandez-leur de parler ensemble (commencer une conversation) pour découvrir ce qu'ils ont en commun, ce que chacun d'eux aime faire et pourquoi. Dites-leur aussi d'échanger des informations sur leurs familles, sur leurs animaux, sur leurs matières préférées à l'école, etc. Tous les enfants disposent de la fiche 1, qu'ils peuvent compléter si besoin. Lorsque les duos ont pu converser ensemble, chacun peut expliquer au reste du groupe ce qu'il a appris sur son partenaire.

Bon amusement !

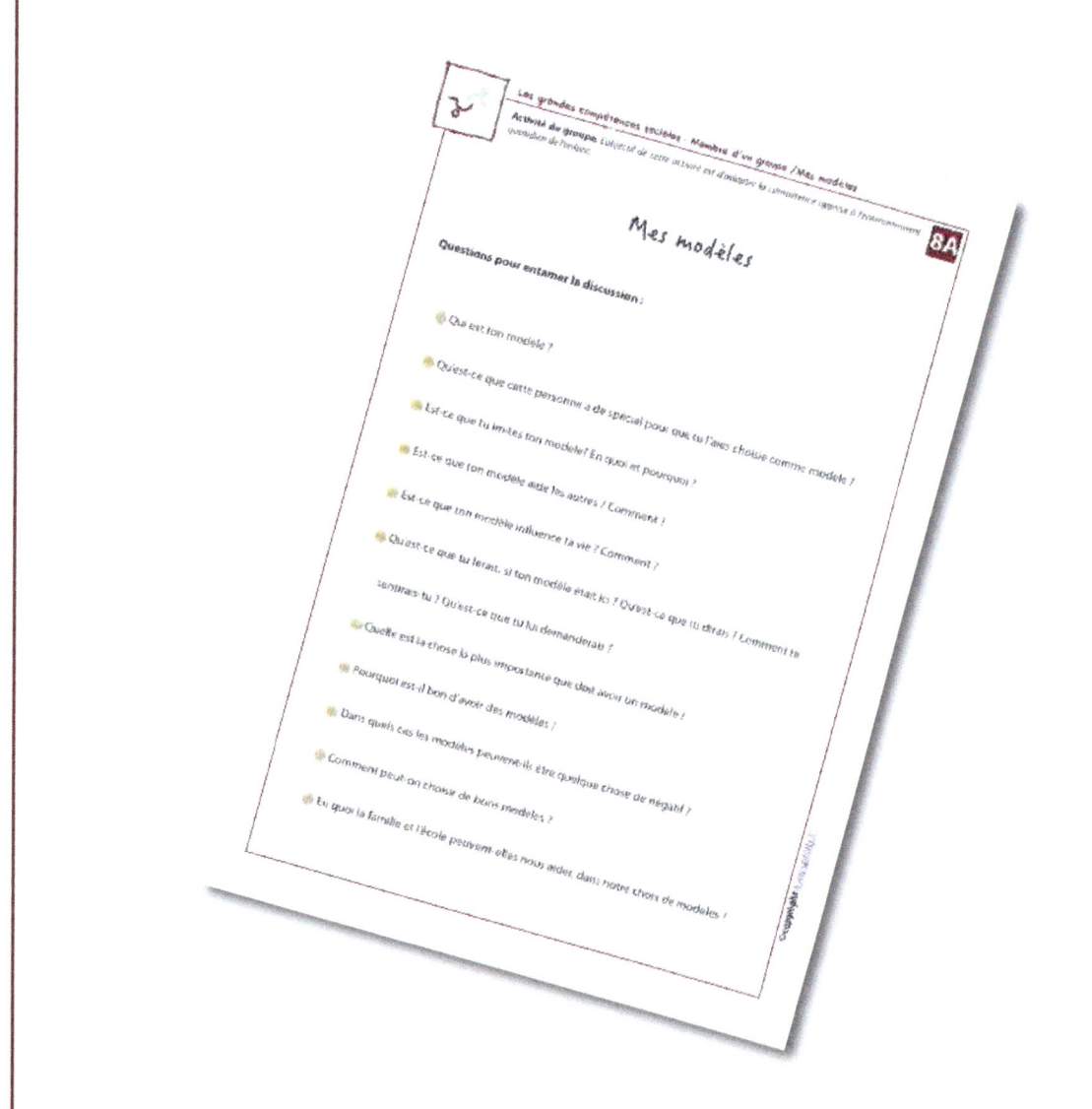

Les grandes compétences sociales · Membre d'un groupe / Je fais connaissance avec les membres d'un nouveau groupe

Activité de groupe. *L'objectif de cette activité est d'adapter la compétence apprise à l'environnement quotidien de l'enfant.*
Les enfants devront se souvenir de tout ce qu'ils ont fait pour construire une amitié.

Fiche 1

Je fais connaissance avec les membres d'un nouveau groupe

Que feriez-vous, s'il y avait dans votre groupe une personne avec qui vous voulez être amis ?

Commencer une discussion : (prénom de l'enfant) _____

Sujets de conversation :

Sport : _____
_____

Activités préférées, loisirs : _____
_____

École (cours) : _____
_____

Famille (informations) : _____
_____

Autres centres d'intérêt : _____
_____
_____
_____

Les grandes compétences sociales · Membre d'un groupe / Je fais connaissance avec les membres d'un nouveau groupe

Document destiné aux parents (mise en pratique)

Chers parents,

Nous travaillons pour le moment avec _____ le développement des
(prénom de l'enfant)
compétences sociales.

Les compétences sociales sont utilisées pour communiquer et interagir avec d'autres personnes. Le fait de bien s'intégrer dans un groupe permet d'exercer de nouvelles compétences et d'améliorer son statut social.

Les compétences sociales sont nécessaires pour que chacun se sente bien dans un groupe ou dans une communauté.

Pour aider votre enfant à utiliser ses nouvelles compétences dans des situations de la vie quotidienne, nous avons besoin de votre aide !

_____ a appris à créer des liens, à mieux connaître les membres d'un
(prénom de l'enfant)
groupe pour se faire de nouvelles amitiés.

Les étapes de la mise en pratique sont les suivantes :

Pour commencer une conversation :

① Je m'approche des membres du groupe.

② J'apprends leurs centres d'intérêt.

③ Je dis quelque chose qui peut les intéresser (sur l'école, sur leurs loisirs, etc.).

④ Quand on commence une conversation et qu'on se sent à l'aise avec l'autre personne, en général, on peut prévoir des activités ensemble, faire des choses ensemble.

Commentaires des parents sur la mise en pratique : _____
_____
_____
_____

Merci beaucoup pour votre collaboration !

Les grandes compétences sociales · Membre d'un groupe / Je fais connaissance avec les membres d'un nouveau groupe

Récompense à attribuer. La reconnaissance des efforts de l'enfant et de l'amélioration de ses capacités est très importante, parce qu'elle l'encourage à persévérer, à appliquer ce qui a été appris, en renforçant sa confiance et son estime de soi.

Bravo, tu as réussi !

#1

Prénom :

Pour tes efforts, tu as gagné le diplôme
« Je fais connaissance avec les membres d'un nouveau groupe ».
Je me souviens, je comprends, j'applique :

- Je m'approche des autres membres du groupe
- J'apprends leurs centres d'intérêt
- Je dis quelque chose qui peut les intéresser

Les grandes compétences sociales - Membre d'un groupe

Je pose des questions

Les grandes compétences sociales · Membre d'un groupe / Je pose des questions

Petite histoire : *Le spécialiste lit le scénario à voix haute. Évitez les expressions qui pourraient inquiéter ou stresser l'enfant (intonation et volume de la voix). Le contenu et la manière d'exposer les scénarios doivent être adaptés à son âge et à son niveau de compréhension.*

Je pose des questions

Quand je parle avec quelqu'un, dans une conversation, il est bon que je lui pose des questions. Poser des questions est la meilleure manière d'apprendre le plus de choses possible sur un sujet.

Quand on pose des questions, on montre que l'on s'intéresse aux autres. De cette façon, la conversation continue. Quand quelqu'un parle, je l'écoute attentivement et je lui pose des questions par rapport à ce qu'il a dit.

De plus, quand je pose des questions, j'apprends des choses grâce aux réponses de l'autre, ce qui nous rapproche en tant qu'amis.

Les grandes compétences sociales · Membre d'un groupe / Je pose des questions

Petite histoire : *Le spécialiste lit le scénario à voix haute. Évitez les expressions qui pourraient inquiéter ou stresser l'enfant (intonation et volume de la voix). Le contenu et la manière d'exposer les scénarios doivent être adaptés à son âge et à son niveau de compréhension.*

Je pose des questions

Étapes :

1 J'écoute mon interlocuteur.

2 Je lui pose des questions par rapport à ce que j'ai entendu.

3 J'attends la réponse de mon interlocuteur.

4 Je poursuis la conversation en posant d'autres questions ou en parlant du même sujet.

Les grandes compétences sociales · Membre d'un groupe / Je pose des questions

Petite histoire : Adaptez le scénario à l'enfant avec qui vous travaillez. Demandez des photographies à la personne responsable de l'enfant et collez-les ci-dessous.

Je pose des questions

J'écoute mon interlocuteur.

Je lui pose des questions par rapport à ce que j'ai entendu.

Collez ici la photo d'une personne avec laquelle l'enfant parle.

Je poursuis la conversation en posant d'autres questions ou en parlant du même sujet.

J'attends la réponse de mon interlocuteur.

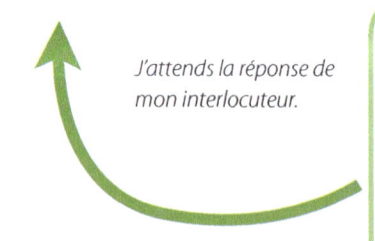

Quand je parle avec quelqu'un, dans une conversation, il est bon que je lui pose des questions. Poser des questions est la meilleure manière d'apprendre le plus de choses possible sur un sujet.

Quand on pose des questions, on montre que l'on s'intéresse aux autres. De cette façon, la conversation continue. Quand quelqu'un parle, je l'écoute attentivement et je lui pose des questions par rapport à ce qu'il a dit.

De plus, quand je pose des questions, j'apprends des choses grâce aux réponses de l'autre, ce qui nous rapproche en tant qu'amis.

Les grandes compétences sociales · Membre d'un groupe / Je pose des questions

Analyse d'une situation sociale via des questions
But : faire comprendre à l'enfant l'importance de poser des questions au cours d'une conversation.

3

Deux personnes qui ne se connaissent pas très bien sont sorties pour boire un café. Elles se posent plusieurs questions, l'une à l'autre. Regarde l'image et réponds aux questions qui suivent.

1. Est-ce que les personnes qui parlent sont des garçons ?
2. Est-ce que les personnes qui parlent sont des filles ?
3. Est-ce que les personnes qui parlent sont un garçon et une fille ?
4. Combien de personnes parlent ?
5. Où se trouvent-elles ?
6. Pourquoi ces personnes sont-elles joyeuses ?
7. Le garçon et la fille ne se connaissent pas bien. Que vont-ils faire pour en apprendre plus l'un sur l'autre ?
8. Ils se posent beaucoup de questions l'un à l'autre. Pourquoi ?
9. Que montre-t-on à son interlocuteur quand on lui pose des questions ?
10. Quelles questions peux-tu poser à quelqu'un pour le connaître ?
11. Comment te sens-tu, quand tu poses des questions sur quelque chose qui t'intéresse ?

Les grandes compétences sociales · Membre d'un groupe / Je pose des questions

Choix de la meilleure situation sociale. Lisez à l'enfant le scénario tout en lui montrant l'image 1. Montrez-lui les deux versions possibles de la suite (images 2 et 3). Il devra décider laquelle est correcte et laquelle ne l'est pas.

4

1. **Scénario :** Hélène prend part à une conversation avec deux filles de sa classe. Elle veut en apprendre plus sur le sujet dont elles discutent.

2. Hélène écoute attentivement, mais comme elle est timide, elle ne parle pas et elle n'apprend pas grand chose.

3. Hélène écoute attentivement les filles et elle leur pose des questions sur ce dont elles parlent, pour en savoir plus.

Les grandes compétences sociales · Membre d'un groupe / Je pose des questions

Résolution d'un problème. Pour résoudre correctement un problème, il faut d'abord le comprendre. Suivez le guide (les étapes d'analyse) ci-dessous, pour apprendre à l'enfant à réagir correctement face au problème.

5

A. Scénario : Delphine fait un travail de groupe à l'école. Les enfants doivent collaborer pour réaliser ce travail. Delphine n'est pas sûre de ce qu'ils doivent faire. Elle a beaucoup de questions. Que peut-elle faire ?

B. Analyse / étapes :

1. **Identification du problème :** Delphine n'est pas sûre du travail qu'on lui a demandé.
2. **Recherche d'informations / d'idées :** Quel est le problème de Delphine ?
3. **Choix d'une idée :** Que peut-elle faire ?
4. **Élaboration et essai de l'idée :** Elle peut poser des questions pour avoir plus d'informations sur la façon de réaliser le travail.
5. **Évaluation du résultat :** De cette manière, Delphine aura les informations dont elle a besoin. Les enfants verront qu'elle s'intéresse au travail et ils essaieront de le réaliser tous ensemble.

Les grandes compétences sociales · Membre d'un groupe / Je pose des questions

Dialogues (petites bandes dessinées). *Ci-dessous se trouvent quatre dialogues. L'enfant doit observer les différents éléments de chaque image et indiquer, pour chacune des situations, si elle est correcte ou non, en écrivant V ou X dans la case.*

6

- Le film était magnifique !
- C'était avec quels acteurs ?

- Finalement, ils ont fait match nul !
- Ah, ok !

- Le carnaval était super !
- C'est vrai ? Tu t'es déguisée en quoi ?

- Ah !
- Hier, on est allé à la fête de Sophie !

Les grandes compétences sociales · Membre d'un groupe /Je pose des questions

7

Jeu de rôle. *Dans cette activité, l'enfant joue des rôles de personnages fictifs, en inventant des histoires et en déterminant les actions des personnages, les règles et l'intrigue.*

Scénario :

1. Aujourd'hui, nous allons jouer au jeu "Je pose des questions". Nous aurons plusieurs rôles.

2. Commencez à jouer en imitant différents rôles parmi les membres d'un groupe. Invitez l'enfant à poser diverses questions pour mieux vous connaître.

3. Si possible, représentez les scènes ci-dessous avec un autre adulte.

4. Dans un jeu de rôle, l'enfant et vous pouvez jouer différents personnages chacun à votre tour. Vous devinez alors qui l'autre représente, puis vous discutez et vous expliquez de quelle(s) façon(s) on peut en apprendre davantage sur un sujet et montrer aux autres membres d'un groupe qu'on s'y intéresse (poser des questions).
Scénario 1 : Je prends part à une conversation sur la fête de Marie (une condisciple). Début de la conversation : "Hier, je suis allé à la fête de Marie." + réponse par une question.
Scénario 2 : Je prends part à une conversation sur les dinosaures.
Début de la conversation : "J'ai une collection de dinosaures." + réponse par une question.
Scénario 3 : Je prends part à une conversation sur la pièce de théâtre de l'école.
Début de la conversation : "Les costumes de la pièce sont prêts." + réponse par une question.
Scénario 4 : Je prends part à une conversation sur le match de football de dimanche.
Début de la conversation : "Dimanche, il y a le match." + réponse par une question.
Scénario 5 : Je prends part à une conversation sur les travaux à faire pour l'école.
Début de la conversation : "Le devoir de mathématiques est vraiment difficile." + réponse par une question.
Scénario 6 : Je prends part à une conversation sur la famille.
Début de la conversation : "Mon frère va étudier la médecine." + réponse par une question.
Scénario 7 : Je prends part à une conversation sur les voyages.
Début de la conversation : "Je vais aller à Paris." + réponse par une question.
Scénario 8 : Je prends part à une conversation sur les vacances d'été.
Début de la conversation : "Cet été, on va dans notre maison de vacances." + réponse par une question.
Scénario 9 : Je prends part à une conversation sur les cours à l'école.
Début de la conversation : "Mon cours préféré, c'est celui de mathématiques." + réponse par une question.

5. Modification du scénario. À ce stade, vous pouvez modifier les scénarios ou les étoffer, en posant le plus de questions possible et en enrichissant la discussion avec des informations que vous connaissez déjà sur le sujet dont on parle. De cette façon, vous augmenterez la durée du dialogue, vous obtiendrez plus d'informations et vous montrerez aux autres que vous vous intéressez à la conversation.

Les grandes compétences sociales · Membre d'un groupe / Je pose des questions

Jeu de rôle. *Photos / étiquettes à utiliser pour aider les enfants qui en ont besoin. Lorsque vous donnez des rôles à jouer à l'enfant, vous pouvez lui fournir le document suivant pour l'aider à élaborer les questions qui permettront une bonne communication pendant le dialogue.*

Je pose des questions

Je me souviens :

1. J'écoute mon interlocuteur.

2. Je lui pose des questions par rapport à ce que j'ai entendu.

3. J'attends la réponse de mon interlocuteur.

4. Je poursuis la conversation en posant d'autres questions ou en parlant du même sujet.

Les grandes compétences sociales · Membre d'un groupe / Je pose des questions

Jeu de rôle. *Photos / étiquettes à utiliser pour aider les enfants qui en ont besoin. Lorsque vous donnez des rôles à jouer à l'enfant, vous pouvez lui fournir le document suivant pour l'aider à élaborer les questions qui permettront une bonne communication pendant le dialogue.*

Je pose des questions

Je me souviens :

1. J'écoute mon interlocuteur.

2. Je lui pose des questions par rapport à ce que j'ai entendu.

3. J'attends la réponse de mon interlocuteur.

4. Je poursuis la conversation en posant d'autres questions ou en parlant du même sujet.

Les grandes compétences sociales · Membre d'un groupe /Je pose des questions

8

Activité de groupe. *L'objectif de cette activité est d'adapter la compétence apprise à l'environnement quotidien de l'enfant.*

Activité de groupe

Instructions :

8A - Les enfants forment des duos. Posez sur la table de travail les activités qui suivent. L'un des deux enfants repère une activité (par exemple, celle de la pomme) et donne un indice tel que "Je pense à quelque chose qui se mange." L'autre enfant lui pose des questions (par exemple : "C'est quelque chose de quelle couleur ?" ou "Quelle forme ça a ?"), jusqu'à ce qu'il devine de quelle image il s'agit. Vous pouvez élargir les possibilités en vous servant de l'espace où vous travaillez : invitez les enfants à travailler sur les objets qui s'y trouvent. Par exemple, l'un d'eux peut repérer le tableau et donner un indice du genre : "Je pense à quelque chose qui est accroché au mur." Son partenaire devra alors poser des questions telles que "De quelle couleur c'est?" ou "Quelle forme ça a?" pour deviner l'objet dont il s'agit.

8B - Les enfants forment des duos et complètent la fiche 8B. Ensuite, a lieu une discussion sur la façon dont ils l'ont complétée et sur les informations qu'ils ont récoltées en se posant des questions.

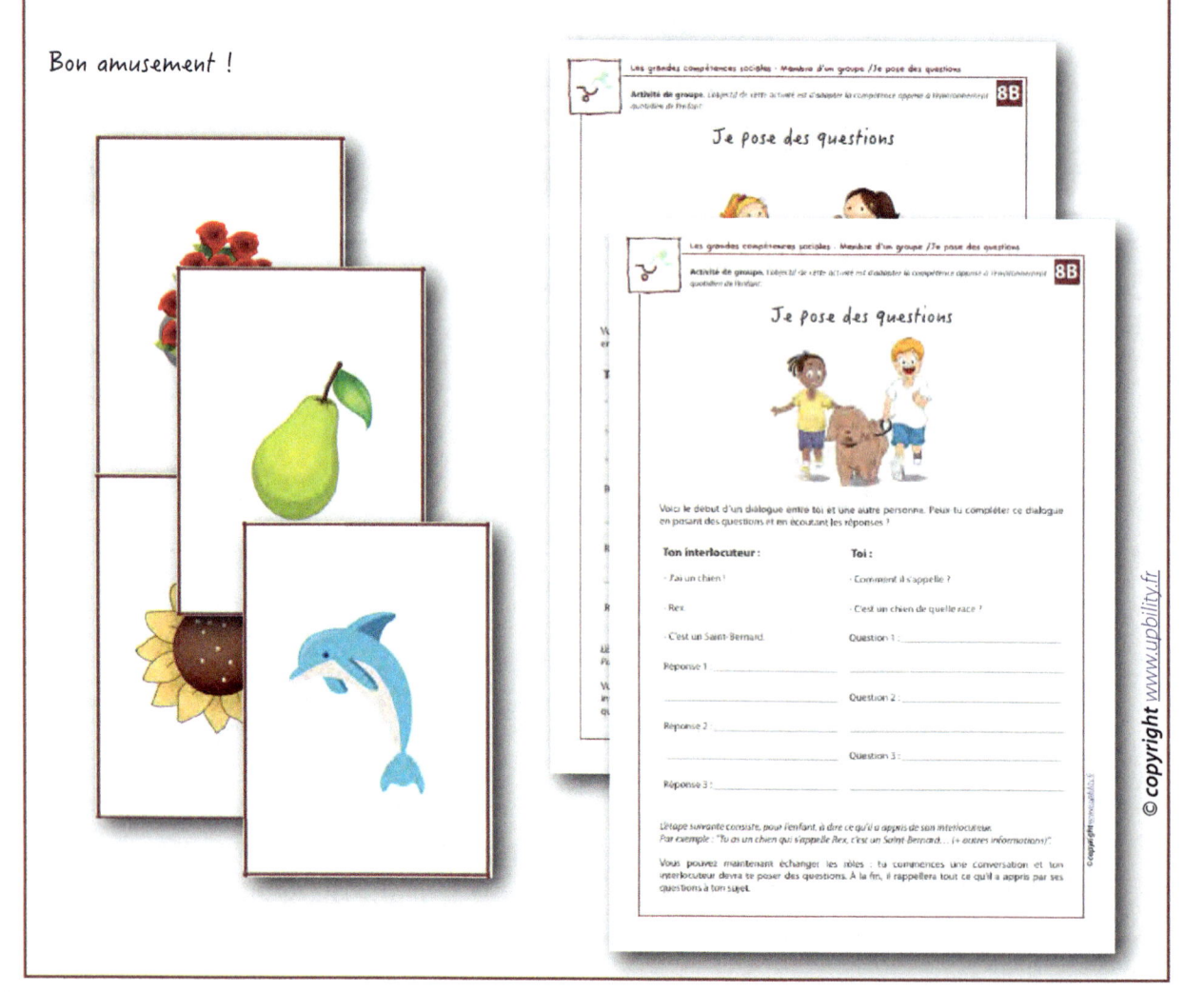

Bon amusement !

Les grandes compétences sociales · Membre d'un groupe / Je pose des questions

Activité de groupe. *Activités*

8A

Les grandes compétences sociales · Membre d'un groupe / Je pose des questions

Activité de groupe. *L'objectif de cette activité est d'adapter la compétence apprise à l'environnement quotidien de l'enfant.*

8B

Je pose des questions

Voici le début d'un dialogue entre toi et une autre personne. Peux-tu compléter ce dialogue en posant des questions et en écoutant les réponses ?

Ton interlocuteur :

- J'ai un chien !

- Rex.

- C'est un Saint-Bernard.

Réponse 1 : _____

_____

Réponse 2 : _____

_____

Réponse 3 : _____

Toi :

- Comment il s'appelle ?

- C'est un chien de quelle race ?

Question 1 : _____

_____

Question 2 : _____

_____

Question 3 : _____

_____

L'étape suivante consiste, pour l'enfant, à dire ce qu'il a appris de son interlocuteur.
Par exemple : "Tu as un chien qui s'appelle Rex, c'est un Saint-Bernard… (+ autres informations)".

Vous pouvez maintenant échanger les rôles : tu commences une conversation et ton interlocuteur devra te poser des questions. À la fin, il rappellera tout ce qu'il a appris par ses questions à ton sujet.

Les grandes compétences sociales · Membre d'un groupe / Je pose des questions

Activité de groupe. L'objectif de cette activité est d'adapter la compétence apprise à l'environnement quotidien de l'enfant.

8B

Je pose des questions

Voici le début d'un dialogue entre toi et une autre personne. Peux-tu compléter ce dialogue en posant des questions et en écoutant les réponses ?

Ton interlocuteur :

- J'ai un nouvel ami !

- Antoine.

- En CP.

Réponse 1 : _____

_____

Réponse 2 : _____

_____

Réponse 3 : _____

Toi :

- Comment il s'appelle ?

- Il est dans quelle classe ?

Question 1 : _____

_____

Question 2 : _____

_____

Question 3 : _____

_____

L'étape suivante consiste, pour l'enfant, à dire ce qu'il a appris de son interlocuteur.
Par exemple : "Tu as un nouvel ami qui s'appelle Antoine ; il est en CP… (+ autres informations)".

Vous pouvez maintenant échanger les rôles : tu commences une conversation et ton interlocuteur devra te poser des questions. À la fin, il rappellera tout ce qu'il a appris par ses questions à ton sujet.

Les grandes compétences sociales - Membre d'un groupe /Je pose des questions

Activité de groupe. *L'objectif de cette activité est d'adapter la compétence apprise à l'environnement quotidien de l'enfant.*

8B

Je pose des questions

Voici le début d'un dialogue entre toi et une autre personne. Peux-tu compléter ce dialogue en posant des questions et en écoutant les réponses ?

Ton interlocuteur :

- J'ai acheté un nouveau vélo !

- Bleu.

- Cinq.

Réponse 1 : _____

_____

Réponse 2 : _____

_____

Réponse 3 : _____

Toi :

- Il est de quelle couleur ?

- Il a combien de vitesses ?

Question 1 : _____

_____

Question 2 : _____

_____

Question 3 : _____

_____

L'étape suivante consiste, pour l'enfant, à dire ce qu'il a appris de son interlocuteur. Par exemple : "Tu as acheté un vélo bleu à cinq vitesses… (+ autres informations)".

Vous pouvez maintenant échanger les rôles : tu commences une conversation et ton interlocuteur devra te poser des questions. À la fin, il rappellera tout ce qu'il a appris par ses questions à ton sujet.

Les grandes compétences sociales · Membre d'un groupe / Je pose des questions

Activité de groupe. *L'objectif de cette activité est d'adapter la compétence apprise à l'environnement quotidien de l'enfant.*

8B

Je pose des questions

Voici le début d'un dialogue entre toi et une autre personne. Peux-tu compléter ce dialogue en posant des questions et en écoutant les réponses ?

Ton interlocuteur : **Toi :**

- Je suis allé au musée d'histoire naturelle. - Quand ?

- Dimanche. - Ça t'a plu ?

- Oui, beaucoup ! Question 1 : _____

_____

Réponse 1 : _____

_____ Question 2 : _____

_____

Réponse 2 : _____

_____ Question 3 : _____

_____

Réponse 3 : _____

L'étape suivante consiste, pour l'enfant, à dire ce qu'il a appris de son interlocuteur. Par exemple : "Tu es allé au musée d'histoire naturelle dimanche et cela t'a beaucoup plu... (+ autres informations)".

Vous pouvez maintenant échanger les rôles : tu commences une conversation et ton interlocuteur devra te poser des questions. À la fin, il rappellera tout ce qu'il a appris par ses questions à ton sujet.

Les grandes compétences sociales · Membre d'un groupe / Je pose des questions

Activité de groupe. *L'objectif de cette activité est d'adapter la compétence apprise à l'environnement quotidien de l'enfant.*

8B

Je pose des questions

Voici le début d'un dialogue entre toi et une autre personne. Peux-tu compléter ce dialogue en posant des questions et en écoutant les réponses ?

Ton interlocuteur :

- Cet après-midi, je vais me promener !

- Sur la place.

- Avec Marie.

Réponse 1 : _____

_____

Réponse 2 : _____

_____

Réponse 3 : _____

Toi :

- Tu vas aller où ?

- Avec qui ?

Question 1 : _____

_____

Question 2 : _____

_____

Question 3 : _____

_____

L'étape suivante consiste, pour l'enfant, à dire ce qu'il a appris de son interlocuteur. Par exemple : *"Cet après-midi, tu vas te promener sur la place avec Marie… (+ autres informations)"*.

Vous pouvez maintenant échanger les rôles : tu commences une conversation et ton interlocuteur devra te poser des questions. À la fin, il rappellera tout ce qu'il a appris par ses questions à ton sujet.

Les grandes compétences sociales · Membre d'un groupe / Je pose des questions

Document destiné aux parents (mise en pratique)

Chers parents,

Nous travaillons pour le moment avec _____ le développement des
(prénom de l'enfant)
compétences sociales.

Les compétences sociales sont utilisées pour communiquer et interagir avec d'autres personnes. Le fait de bien s'intégrer dans un groupe permet d'exercer de nouvelles compétences et d'améliorer son statut social.

Les compétences sociales sont nécessaires pour que chacun se sente bien dans un groupe ou dans une communauté.

Pour aider votre enfant à utiliser ses nouvelles compétences dans des situations de la vie quotidienne, nous avons besoin de votre aide !

_____ a appris à créer des liens, à poser des questions et à montrer
(prénom de l'enfant)
qu'il.elle s'intéresse à son interlocuteur.

Les étapes de la mise en pratique sont les suivantes :

Je pose des questions :

① J'écoute mon interlocuteur.

② Je lui pose des questions par rapport à ce que j'ai entendu.

③ J'attends la réponse de mon interlocuteur.

④ Je poursuis la conversation.

Commentaires des parents sur la mise en pratique : _____
_____
_____
_____
_____

Merci beaucoup pour votre collaboration !

Les grandes compétences sociales - Membre d'un groupe / Je pose des questions

Récompense à attribuer. La reconnaissance des efforts de l'enfant et de l'amélioration de ses capacités est très importante, parce qu'elle l'encourage à persévérer, à appliquer ce qui a été appris, en renforçant sa confiance et son estime de soi.

Bravo, tu as réussi !

Prénom :

Pour tes efforts, tu as gagné le diplôme « Je pose des questions ».

Je me souviens, je comprends, j'applique :

- J'écoute attentivement
- Je pose des questions sur le sujet
- J'attends la réponse
- Je poursuis la conversation

3

Je partage

Les grandes compétences sociales · Membre d'un groupe / Je partage

Petite histoire : *Le spécialiste lit le scénario à voix haute. Évitez les expressions qui pourraient inquiéter ou stresser l'enfant (intonation et volume de la voix). Le contenu et la manière d'exposer les scénarios doivent être adaptés à son âge et à son niveau de compréhension.*

Je partage

Souvent, il est difficile de partager, parce que cela veut dire qu'on donne quelque chose. Mais cela veut aussi dire qu'on est généreux, qu'on pense aux besoins des autres.

Quand je partage quelque chose, je me sens bien, car je sens que je fais quelque chose de bien.

Quand quelqu'un partage quelque chose avec moi, je me sens bien parce qu'il est gentil avec moi, il pense à moi. C'est bien de partager des choses dans un groupe !

Les grandes compétences sociales · Membre d'un groupe / Je partage

Petite histoire : Adaptez le scénario à l'enfant avec qui vous travaillez. Demandez des photographies à la personne responsable de l'enfant et collez-les ci-dessous.

2

Je partage

Collez ici la photo d'une chose que l'enfant partage.

Collez ici la photo d'une chose que l'enfant partage.

Collez ici la photo d'une chose que l'enfant partage.

Collez ici la photo d'une chose que l'enfant partage.

Souvent, il est difficile de partager, parce que cela veut dire qu'on donne quelque chose. Mais cela veut aussi dire qu'on est généreux, qu'on pense aux besoins des autres.
Quand je partage quelque chose, je me sens bien, car je sens que je fais quelque chose de bien.
Quand quelqu'un partage quelque chose avec moi, je me sens bien parce qu'il est gentil avec moi, il pense à moi. C'est bien de partager des choses dans un groupe !

Demandez à l'enfant quels objets il partage. Discutez avec lui des photos ci-dessus et de ses réponses.

© copyright www.upbility.fr

Les grandes compétences sociales · Membre d'un groupe / Je partage

Analyse d'une situation sociale via des questions
But : *apprendre à l'enfant à comprendre l'intérêt de partager avec les autres.*

3

Ces enfants sont amis. Ils partagent un gâteau au chocolat. Regarde l'image et réponds aux questions qui suivent.

1. Est-ce que les enfants sont des garçons ?
2. Est-ce que ce sont des filles ?
3. Est-ce que les enfants sont un garçon et une fille ?
4. Combien d'enfants y a-t-il ?
5. Où se trouvent les enfants ?
6. Est-ce qu'ils se connaissent ?
7. Pourquoi sont-ils contents ?
8. Qu'est-ce qu'ils partagent ?
9. Est-ce facile de partager quelque chose ? Pourquoi ?
10. Pourquoi les enfants partagent-ils un gâteau au chocolat, à ton avis ?
11. Comment se sentent-ils en le partageant ?
12. Pourquoi est-ce bien de partager quelque chose ?

Les grandes compétences sociales · Membre d'un groupe / Je partage

Choix de la meilleure situation sociale. Lisez à l'enfant le scénario tout en lui montrant l'image 1. Montrez-lui les deux versions possibles de la suite (images 2 et 3). Il devra décider laquelle est correcte et laquelle ne l'est pas.

4

1. **Scénario :** L'institutrice demande aux enfants d'ouvrir leurs livres, mais le voisin de John a oublié le sien chez lui.
2. John ouvre son livre et le met au milieu du banc pour que son voisin puisse le lire avec lui.
3. John ouvre son livre pour lui seul ; il ne veut pas que son voisin lise avec lui.

Les grandes compétences sociales · Membre d'un groupe /Je partage

Résolution d'un problème. *Pour résoudre correctement un problème, il faut d'abord le comprendre. Suivez le guide (les étapes d'analyse) ci-dessous, pour apprendre à l'enfant à réagir correctement face au problème.*

5

A. Scénario : Amina est à la cantine de l'école et elle mange son déjeuner. Il y a une chaise libre à sa table. Il y a beaucoup de monde dans la cantine et Chistophe ne trouve pas de place où s'asseoir. Que peut faire Amina ?

B. Analyse / étapes :

1. **Identification du problème :** Amina voit que Christophe ne trouve pas de place où s'asseoir pour manger.
2. **Recherche d'informations / d'idées :** Peut-elle aider Christophe ?
3. **Choix d'une idée :** Que peut faire Amina ?
4. **Élaboration et essai de l'idée :** Amina peut dire à Christophe de s'asseoir avec elle, en partageant ainsi la place à table.
5. **Évaluation du résultat :** De cette manière, Amina se sentira bien, parce qu'elle aura aidé Christophe en lui laissant une place à sa table ; Christophe se sentira bien aussi, parce qu'Amina aura fait preuve de gentillesse envers lui.

Les grandes compétences sociales · Membre d'un groupe / Je partage

Dialogues (petites bandes dessinées). *Ci-dessous se trouvent quatre dialogues. L'enfant doit observer les différents éléments de chaque image et indiquer, pour chacune des situations, si elle est correcte ou non, en écrivant V ou X dans la case.*

6

- Il n'y a qu'un biscuit sur l'assiette.
- On peut le partager !

- Je n'ai pas de livre !
- Dommage !

- Je n'ai pas de crayon !
- Je peux te prêter le mien !

- Tu as une gomme ?
- Oui, mais je ne veux pas te la donner...

Les grandes compétences sociales · Membre d'un groupe / Je partage

Jeu de rôle. *Dans cette activité, l'enfant joue des rôles de personnages fictifs, en inventant des histoires et en déterminant les actions des personnages, les règles et l'intrigue.*

7

Scénario :

1. Aujourd'hui, nous allons jouer au jeu "Je partage". Nous aurons plusieurs rôles.

2. Commencez à jouer en imitant différents rôles parmi les membres d'un groupe qui partagent quelque chose. Invitez l'enfant à deviner ce que vous imitez comme actions.

3. Si possible, représentez les scènes ci-dessous avec un autre adulte.

4. Dans un jeu de rôle, l'enfant et vous pouvez jouer différents personnages qui partagent quelque chose. Ensuite, vous discuterez des sentiments que vous avez éprouvés lors de cette activité.
   Scénario 1 : À l'école - Je prête ma gomme à mon voisin.
   Scénario 2 : Au parc - Je partage la balançoire avec un autre enfant.
   Scénario 3 : À une fête - Je partage le dernier gâteau avec un autre invité.
   Scénario 4 : À la cantine - Je partage la place à table avec un condisciple.
   Scénario 5 : À la pause de midi - Je partage mon repas avec un ami.
   Scénario 6 : À la maison - Je partage mes jouets avec mon frère.
   Scénario 7 : À l'aire de jeux - Je partage les jeux avec d'autres enfants.
   Scénario 8 : À la mer - Je partage mon seau avec un autre enfant.
   Scénario 9 : À la bibliothèque - Je partage mon livre avec un autre enfant.

5. Modification du scénario. À ce stade, vous pouvez modifier les scénarios ou les étoffer.

* Photos / étiquettes à utiliser pour aider les enfants qui en ont besoin.

Les grandes compétences sociales · Membre d'un groupe / Je partage

Activité de groupe. *L'objectif de cette activité est d'adapter la compétence apprise à l'environnement quotidien de l'enfant.*

Activité de groupe

Instructions : Présentez au groupe des situations de la fiche 8A ou des activités du document 8B, une à la fois. Demandez ensuite aux enfants si ce serait facile ou difficile pour eux de partager, dans ces différentes situations. Encouragez chacun d'eux à parler de ce qu'il ferait et à expliquer pourquoi.

Bon amusement !

Les grandes compétences sociales · Membre d'un groupe / Je partage

Activité de groupe. *L'objectif de cette activité est d'adapter la compétence apprise à l'environnement quotidien de l'enfant. Présentez au groupe les situations suivantes, une à la fois. Demandez ensuite aux enfants si ce serait facile ou difficile pour eux de partager, dans ces différentes situations. Encouragez chacun d'eux à parler de ce qu'il ferait et à expliquer pourquoi.*

Je partage

- Tu vas dehors avec un condisciple, mais il pleut et tu es le/la seul.e à avoir un parapluie.

- Tu es au parc et tu vas vers la balançoire en même temps qu'un autre enfant, qui a eu la même idée que toi.

- Tu es à la cafétéria avec un ami. Le serveur n'a apporté qu'un jus, mais vous avez tous les deux très soif.

- Tu es sorti.e jouer avec ton ballon et un autre enfant arrive, mais il n'a pas de ballon.

- Tu es en excursion et tu écoutes ta chanson préférée. Ton voisin n'a pas d'écouteurs.

- Tu es dehors et il fait froid. Toi, tu portes une très grande écharpe, mais ta maman a très froid.

- Tu es sorti.e avec un.e ami.e et vous commandez votre pâtisserie préférée, mais le serveur vous dit qu'il n'y en a plus qu'une.

- Tu as une robe que ton amie aime beaucoup. Elle te demande si tu veux bien la lui prêter.

- Tu es à l'extérieur avec ton frère et votre maman a commandé une seule glace.

Les grandes compétences sociales · Membre d'un groupe / Je partage

Activité de groupe. *Activités*

8B

Les grandes compétences sociales · Membre d'un groupe / Je partage

Document destiné aux parents (mise en pratique)

9

Chers parents,

Nous travaillons pour le moment avec _____ le développement des
(prénom de l'enfant)
compétences sociales.

Les compétences sociales sont utilisées pour communiquer et interagir avec d'autres personnes. Le fait de bien s'intégrer dans un groupe permet d'exercer de nouvelles compétences et d'améliorer son statut social.

Les compétences sociales sont nécessaires pour que chacun se sente bien dans un groupe ou dans une communauté.

Pour aider votre enfant à utiliser ses nouvelles compétences dans des situations de la vie quotidienne, nous avons besoin de votre aide !

_____ a appris à créer des liens, à partager quelque chose avec son
(prénom de l'enfant)
groupe.

Les étapes de la mise en pratique sont les suivantes :

Partager :

① C'est difficile de partager,

② mais je peux le faire,

③ parce que je sens que je fais quelque chose de bien.

④ Quand quelqu'un partage quelque chose avec moi, je me sens bien parce qu'il est gentil avec moi, il pense à moi.

Commentaires des parents sur la mise en pratique : _____
_____
_____
_____
_____

Merci beaucoup pour votre collaboration !

Les grandes compétences sociales · Membre d'un groupe / Je partage

Récompense à attribuer. La reconnaissance des efforts de l'enfant et de l'amélioration de ses capacités est très importante, parce qu'elle l'encourage à persévérer, à appliquer ce qui a été appris, en renforçant sa confiance et son estime de soi.

Bravo, tu as réussi !

Prénom :

Pour tes efforts, tu as gagné le diplôme « Je partage ».

Je me souviens, je comprends, j'applique :

- C'est difficile !
- Je peux partager !
- Je me sens bien !

Les grandes compétences sociales · Membre d'un groupe

4

Je coopère

Les grandes compétences sociales · Membre d'un groupe / Je coopère

Petite histoire : *Le spécialiste lit le scénario à voix haute. Évitez les expressions qui pourraient inquiéter ou stresser l'enfant (intonation et volume de la voix). Le contenu et la manière d'exposer les scénarios doivent être adaptés à son âge et à son niveau de compréhension.*

Je coopère

Souvent, les gens coopèrent, c'est-à-dire qu'ils travaillent ensemble dans un but commun, ou parce qu'ils veulent réussir quelque chose. Quand on coopère, on gagne du temps, puisque l'on travaille ensemble.

Je coopère avec les membres de mon groupe pour réaliser un travail pour l'école, ou pour faire quelque chose que nous aimons durant notre temps libre.

En coopérant avec une autre personne, on peut s'amuser, puisque l'on agit ensemble et que l'on apprend à mieux se connaître.

Quand deux personnes coopèrent, en général, elles se sentent bien toutes les deux car elles travaillent ensemble.

Les grandes compétences sociales · Membre d'un groupe /Je coopère

Petite histoire : *Adaptez le scénario à l'enfant avec qui vous travaillez. Demandez des photographies à la personne responsable de l'enfant et collez-les ci-dessous.*

Je coopère

Collez ici une photo de quelque chose que l'enfant a créé en coopérant avec d'autres personnes.

Souvent, les gens coopèrent, c'est-à-dire qu'ils travaillent ensemble dans un but commun, ou parce qu'ils veulent réussir quelque chose. Quand on coopère, on gagne du temps, puisque l'on travaille ensemble.
Je coopère avec les membres de mon groupe pour réaliser un travail pour l'école, ou pour faire quelque chose que nous aimons durant notre temps libre.
En coopérant avec une autre personne, on peut s'amuser, puisque l'on agit ensemble et que l'on apprend à mieux se connaître.
Quand deux personnes coopèrent, en général, elles se sentent bien toutes les deux car elles travaillent ensemble.

Demandez à l'enfant ses souvenirs du moment où il a coopéré pour arriver au résultat présent sur la photo. Qu'a-t-il retiré de cette expérience ? Discutez ensuite de sa réponse.

Les grandes compétences sociales · Membre d'un groupe / Je coopère

Analyse d'une situation sociale via des questions
But : apprendre à l'enfant le sens et l'importance de la coopération pour atteindre un objectif commun.

3

Les enfants jouent dans la cour de l'école. Ils doivent coopérer pour réussir. Regarde l'image et réponds aux questions qui suivent.

1. Est-ce que tous les enfants sont des garçons ?
2. Est-ce que tous les enfants sont des filles ?
3. Est-ce que les enfants sont des garçons et des filles ?
4. Combien d'enfants y a-t-il ?
5. Combien d'enfants y a-t-il dans chaque équipe ?
6. Est-ce que les enfants se connaissent ?
7. Pourquoi sont-ils contents ?
8. Où se trouvent-ils ?
9. Peux-tu décrire le jeu auquel jouent les enfants ?
10. Que doivent-ils faire, pour jouer à ce jeu ?
11. Pourquoi les enfants doivent-ils coopérer, à ton avis ?
12. Comment se sentent les enfants de chaque équipe, en coopérant ?

Les grandes compétences sociales · Membre d'un groupe / Je coopère

Choix de la meilleure situation sociale. Lisez à l'enfant le scénario tout en lui montrant l'image 1. Montrez-lui les deux versions possibles de la suite (images 2 et 3). Il devra décider laquelle est correcte et laquelle ne l'est pas.

4

1. **Scénario :** La maman de Peter et Mary leur a dit que s'ils rangeaient leur chambre rapidement, ils auraient le temps de sortir l'après-midi.

2. Peter était contrarié et Mary a rangé la chambre toute seule, mais cela lui a pris beaucoup de temps.

3. Peter et Mary ont coopéré : ils ont travaillé ensemble et ils ont eu fini très rapidement de ranger leur chambre.

Les grandes compétences sociales · Membre d'un groupe / Je coopère

Résolution d'un problème. *Pour résoudre correctement un problème, il faut d'abord le comprendre. Suivez le guide (les étapes d'analyse) ci-dessous, pour apprendre à l'enfant à réagir correctement face au problème.*

A. Scénario : Valérie est prête pour la fête, mais sa maman n'a pas fini de laver la vaisselle. Valérie craint d'arriver en retard. Que peut-elle faire pour arriver à l'heure à la fête ?

B. Analyse / étapes :

1. **Identification du problème :** Valérie est prête pour la fête, mais sa maman n'a pas encore fini de laver la vaisselle.
2. **Recherche d'informations / d'idées :** Valérie peut-elle aider sa maman ?
3. **Choix d'une idée :** Que peut-elle faire ?
4. **Élaboration et essai de l'idée :** Valérie peut proposer à sa maman de l'aider, pour que la vaisselle soit finie plus vite.
5. **Évaluation du résultat :** De cette manière, Valérie sera à l'heure à la fête, parce qu'elle aura coopéré avec sa maman et qu'elles auront lavé la vaisselle plus vite.

Les grandes compétences sociales - Membre d'un groupe / Je coopère

Dialogues (petites bandes dessinées). *Ci-dessous se trouvent quatre dialogues. L'enfant doit observer les différents éléments de chaque image et indiquer, pour chacune des situations, si elle est correcte ou non, en écrivant V ou X dans la case.*

6

- Je vais construire la ferme avec les briques.
- Moi, j'y mettrai les animaux !

- Ces exercices de mathématiques sont difficiles !
- On peut les faire ensemble, on y arrivera sûrement mieux !

- On fait la tour ensemble ?
- Non, j'y arriverai tout seul !

- On fait le devoir ensemble ?
- Non, je vais le faire toute seule.

Les grandes compétences sociales · Membre d'un groupe / Je coopère

Jeu de rôle. *Dans cette activité, l'enfant joue des rôles de personnages fictifs, en inventant des histoires et en déterminant les actions des personnages, les règles et l'intrigue.*

7

Scénario :

1. Aujourd'hui, nous allons jouer au jeu "Je coopère". Nous aurons plusieurs rôles.

2. Commencez à jouer en imitant différents rôles parmi les membres d'un groupe qui coopèrent dans un but commun. Invitez l'enfant à deviner ce que vous imitez comme actions.

3. Si possible, représentez les scènes ci-dessous avec un autre adulte.

4. Dans un jeu de rôle, l'enfant et vous pouvez jouer chacun à votre tour différents personnages amenés à coopérer pour atteindre un but commun ou pour le plaisir. Discutez ensuite de l'importance et des avantages de la coopération.
   Scénario 1 : À l'école, au cours de sport, je coopère dans un jeu d'équipe (travail en équipe).
   Scénario 2 : À l'école, je coopère durant un cours où il faut faire un travail de groupe (travail en équipe).
   Scénario 3 : À l'école, à la récréation, je coopère dans une activité de groupe (travail en équipe).
   Scénario 4 : À la maison, je participe aux tâches ménagères (prise d'initiative).
   Scénario 5 : À la maison, j'aide à préparer le repas (prise d'initiative).
   Scénario 6 : À la maison, j'aide à entretenir le jardin (prise d'initiative).
   Scénario 7 : Coopération durant un jeu - Je participe à un jeu de société (j'attends mon tour).
   Scénario 8 : Coopération durant un jeu - Je participe à un jeu à l'extérieur (chat, cache-cache, etc.) (j'endosse un rôle, par ex. gendarme ou voleur).
   Scénario 9 : Coopération durant un jeu - Je participe à un jeu d'énigmes (réflexion en groupe, brainstorming, etc.).

5. Modification du scénario. À ce stade, vous pouvez modifier les scénarios ou les étoffer.

* Photos / étiquettes à utiliser pour aider les enfants qui en ont besoin.

| Je coopère à la maison. | Je coopère à l'école. | Je coopère durant un jeu. |

Les grandes compétences sociales · Membre d'un groupe / Je coopère

Activité de groupe. *L'objectif de cette activité est d'adapter la compétence apprise à l'environnement quotidien de l'enfant.*

8

Activité de groupe

Instructions :

8A : Les enfants sont assis en cercle. Invitez-les à réfléchir à des situations dans lequelles ils ont dû coopérer avec une autre personne. Posez-leur les questions de la fiche 8A ou demandez-leur de la compléter :

- Pouvez-vous me dire de quelles manières vous coopérez, quand vous êtes à l'école ?
- Pouvez-vous me dire de quelles manières vous coopérez, quand vous êtes à la maison ?
- Pouvez-vous me dire de quelles manières vous coopérez, quand vous jouez ou quand vous faites du sport ?
- Que peut-il se passer, si une personne ne coopère pas dans un groupe ?
- Que pourriez-vous faire, si une personne ne coopère pas dans un groupe ?

8B : Si vous disposez d'assez de temps, subdivisez le groupe en duos. Avec un cordon, unissez la cheville droite d'un membre de chaque duo avec la cheville gauche de l'autre. Lorsque tous les duos ont leurs chevilles unies de cette façon, donnez-leur différentes consignes de la fiche 8B. Rappelez-leur qu'ils devront coopérer pour réaliser ce que vous demandez.

8C : Présentez au groupe les activités du document 8C, une à la fois. Demandez aux enfants comment coopèrent les personnages de chaque image. Encouragez-les ensuite à parler des moments où eux-mêmes coopèrent et de ce qu'ils ressentent à ces moments.

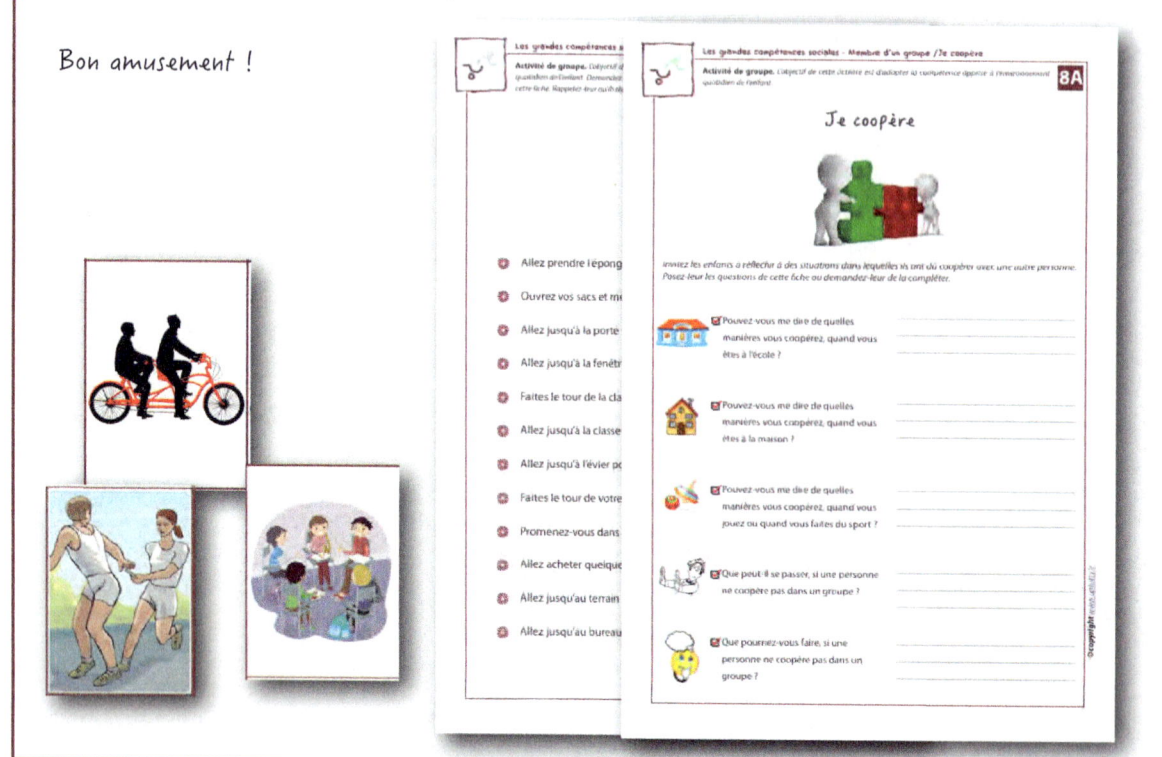

Bon amusement !

Les grandes compétences sociales · Membre d'un groupe / Je coopère

Activité de groupe. *L'objectif de cette activité est d'adapter la compétence apprise à l'environnement quotidien de l'enfant.*

8A

Je coopère

Invitez les enfants à réfléchir à des situations dans lequelles ils ont dû coopérer avec une autre personne. Posez-leur les questions de cette fiche ou demandez-leur de la compléter.

- ☑ Pouvez-vous me dire de quelles manières vous coopérez, quand vous êtes à l'école ?

- ☑ Pouvez-vous me dire de quelles manières vous coopérez, quand vous êtes à la maison ?

- ☑ Pouvez-vous me dire de quelles manières vous coopérez, quand vous jouez ou quand vous faites du sport ?

- ☑ Que peut-il se passer, si une personne ne coopère pas dans un groupe ?

- ☑ Que pourriez-vous faire, si une personne ne coopère pas dans un groupe ?

Les grandes compétences sociales · Membre d'un groupe / Je coopère

Activité de groupe. *L'objectif de cette activité est d'adapter la compétence apprise à l'environnement quotidien de l'enfant. Demandez aux duos, une fois leurs chevilles liées, d'obéir à différentes consignes de cette fiche. Rappelez-leur qu'ils devront coopérer pour réaliser ce que vous demandez.*

Je coopère

- Allez prendre l'éponge et nettoyer le tableau.

- Ouvrez vos sacs et mettez vos cahiers sur le banc.

- Allez jusqu'à la porte de la classe.

- Allez jusqu'à la fenêtre.

- Faites le tour de la classe ensemble.

- Allez jusqu'à la classe voisine.

- Allez jusqu'à l'évier pour prendre de l'eau.

- Faites le tour de votre banc.

- Promenez-vous dans la cour.

- Allez acheter quelque chose à la cafétéria.

- Allez jusqu'au terrain de basket.

- Allez jusqu'au bureau du directeur/de la directrice.

Les grandes compétences sociales · Membre d'un groupe / Je coopère

Activité de groupe. Activités.

8C

Les grandes compétences sociales · Membre d'un groupe / Je coopère

Document destiné aux parents (mise en pratique)

9

Chers parents,

Nous travaillons pour le moment avec _____ le développement des
(prénom de l'enfant)
compétences sociales.

Les compétences sociales sont utilisées pour communiquer et interagir avec d'autres personnes. Le fait de bien s'intégrer dans un groupe permet d'exercer de nouvelles compétences et d'améliorer son statut social.

Les compétences sociales sont nécessaires pour que chacun se sente bien dans un groupe ou dans une communauté.

Pour aider votre enfant à utiliser ses nouvelles compétences dans des situations de la vie quotidienne, nous avons besoin de votre aide !

_____ a appris à créer des liens et à coopérer avec une autre personne.
(prénom de l'enfant)

Les étapes de la mise en pratique sont les suivantes :

Coopérer signifie que je travaille avec quelqu'un d'autre :

① Pour atteindre un but commun,

② Pour m'amuser,

③ Ou pour mieux connaître l'autre personne.

④ Quand deux personnes coopèrent, en général, elles se sentent bien, car elles travaillent ensemble.

Commentaires des parents sur la mise en pratique : _____
_____
_____
_____

Merci beaucoup pour votre collaboration !

Les grandes compétences sociales · Membre d'un groupe /Je coopère

Récompense à attribuer. La reconnaissance des efforts de l'enfant et de l'amélioration de ses capacités est très importante, parce qu'elle l'encourage à persévérer, à appliquer ce qui a été appris, en renforçant sa confiance et son estime de soi.

Bravo, tu as réussi !

#1

Prénom :

Pour tes efforts, tu as gagné le diplôme
« Je coopère ».

Je me souviens, je comprends, j'applique :

- Je coopère à l'école
- Je coopère à la maison
- Je coopère durant un jeu

Les grandes compétences sociales · Membre d'un groupe

5

Je respecte les règles

Les grandes compétences sociales · Membre d'un groupe /Je respecte les règles

Petite histoire : *Le spécialiste lit le scénario à voix haute. Évitez les expressions qui pourraient inquiéter ou stresser l'enfant (intonation et volume de la voix). Le contenu et la manière d'exposer les scénarios doivent être adaptés à son âge et à son niveau de compréhension.*

Je respecte les règles

Les règles nous disent comment nous comporter. Il y a certaines règles qu'il faut toujours respecter, pour ne pas blesser quelqu'un ou pour qu'il n'arrive rien de mal.

Dans un groupe, il existe des règles que l'on doit suivre pour que chacun se sente bien. Certaines de ces règles sont les suivantes :

➡ Laisser son interlocuteur finir de parler, avant de parler soi-même.

➡ Parler poliment et ne pas dire des choses qui pourraient blesser les autres.

Si ces règles n'existaient pas, il serait très difficile de former un groupe.

Super ! La règle peut changer !

La règle ne change pas !

D'autres règles sont plus flexibles, c'est-à-dire qu'elles peuvent changer. Par exemple, si la règle est d'aller dormir à 21h, le week-end, elle peut changer et on peut aller se coucher un peu plus tard.

Les règles peuvent être modifiées uniquement si personne ne va en souffrir ou subir de mauvaises conséquences. Dans chaque groupe, il y a certaines règles plus flexibles que d'autres. En respectant les règles, on respecte ceux qui nous entourent et on fonctionne en harmonie avec les autres membres du groupe.

Les grandes compétences sociales · Membre d'un groupe / Je respecte les règles

Petite histoire : Adaptez le scénario à l'enfant avec qui vous travaillez. Demandez des photographies à la personne responsable de l'enfant et collez-les ci-dessous.

Je respecte les règles

Collez ici une photo de règles qu'il faut toujours respecter (non négociables).

Collez ici une photo de règles qui peuvent être modifiées (flexibles).

Collez ici une photo de règles qu'il faut toujours respecter (non négociables).

Collez ici une photo de règles qui peuvent être modifiées (flexibles).

Les règles nous disent comment nous comporter. Il y a certaines règles qu'il faut toujours respecter, pour ne pas blesser quelqu'un ou pour qu'il n'arrive rien de mal.
Dans un groupe, il existe des règles que l'on doit suivre pour que chacun se sente bien. Certaines de ces règles sont les suivantes :
- Laisser son interlocuteur finir de parler, avant de parler soi-même.
- Parler poliment et ne pas dire des choses qui pourraient blesser les autres.
Si ces règles n'existaient pas, il serait très difficile de former un groupe.
D'autres règles sont plus flexibles, c'est-à-dire qu'elles peuvent changer. Par exemple, si la règle est d'aller dormir à 21h, le week-end, elle peut changer et on peut aller se coucher un peu plus tard.
Les règles peuvent être modifiées uniquement si personne ne va en souffrir ou subir de mauvaises conséquences. Dans chaque groupe, il y a certaines règles plus flexibles que d'autres. En respectant les règles, on respecte ceux qui nous entourent et on fonctionne en harmonie avec les autres membres du groupe.

Discutez avec l'enfant des règles ci-dessus.

Les grandes compétences sociales · Membre d'un groupe / Je respecte les règles

Analyse d'une situation sociale via des questions
But : apprendre à l'enfant que certaines règles sont non négociables (il faut toujours les respecter), tandis que d'autres peuvent être modifiées.

Les enfants sont en classe. Ils viennent de finir un travail et ils le déposent dans leur casier. Regarde l'image et réponds aux questions qui suivent.

1. Est-ce que tous les enfants sont des garçons ?
2. Est-ce que tous les enfants sont des filles ?
3. Est-ce que les enfants sont des garçons et des filles ?
4. Combien d'enfants y a-t-il ?
5. Où se trouvent-ils ?
6. Pourquoi sont-ils contents ?
7. Qu'est-ce qu'ils déposent dans leur casier ?
8. Pourquoi les enfants déposent-ils leur travail dans leur casier ?
9. Il y a une règle par rapport à cela. Peux-tu la deviner ?
10. Pourquoi faut-il respecter les règles en classe ?
11. Avez-vous des règles, dans ta classe ?
12. Peux-tu m'en citer quelques-unes ?

Les grandes compétences sociales · Membre d'un groupe / Je respecte les règles

Choix de la meilleure situation sociale. Lisez à l'enfant le scénario tout en lui montrant l'image 1. Montrez-lui les deux versions possibles de la suite (images 2 et 3). Il devra décider laquelle est correcte et laquelle ne l'est pas.

4

1. **Scénario :** L'une des règles dans la classe de Pierre est "Je reste assis à ma place". Pourtant, Pierre veut se lever pour prendre son livre sur le bureau de l'institutrice.
2. Pierre lève la main et demande à l'institutrice s'il peut prendre son livre sur le bureau.
3. Pierre ne tient pas compte de la règle et se lève pour prendre son livre sur le bureau.

Les grandes compétences sociales · Membre d'un groupe / Je respecte les règles

Résolution d'un problème. Pour résoudre correctement un problème, il faut d'abord le comprendre. Suivez le guide (les étapes d'analyse) ci-dessous, pour apprendre à l'enfant à réagir correctement face au problème.

5

A. Scénario : C'est samedi et Layla est allée chez une amie avec d'autres enfants, pour regarder un film. Elle sait que sa maman va bientôt venir la rechercher, parce qu'elle doit aller dormir à 21h. Layla aimerait voir la fin du film, mais elle ne veut pas désobéir à la règle de ses parents. Que peut-elle faire ?

B. Analyse / étapes :

1. **Identification du problème :** Layla voudrait voir la fin du film.
2. **Recherche d'informations / d'idées :** Elle doit aller dormir à 21h, mais le film ne sera pas fini.
3. **Choix d'une idée :** Que peut-elle faire ?
4. **Élaboration et essai de l'idée :** Layla peut se dire que, comme c'est le week-end, elle arrivera peut-être à convaincre sa maman de la laisser se coucher un peu plus tard. Elle peut téléphoner à sa maman pour lui demander de venir un peu après l'heure prévue, afin qu'elle puisse regarder la fin du film.
5. **Évaluation du résultat :** De cette manière, Layla verra la fin du film sans désobéir à la règle de ses parents.

Les grandes compétences sociales · Membre d'un groupe / Je respecte les règles

Dialogues (petites bandes dessinées). *Ci-dessous se trouvent quatre dialogues. L'enfant doit observer les différents éléments de chaque image et indiquer, pour chacune des situations, si elle est correcte ou non, en écrivant V ou X dans la case.*

6

- Tu t'es lavé les mains ?
- Oui !

- Je sors !
- En histoire, on a...

- Dégage ! Hop !
- Aïe !

- Il est 21h, c'est l'heure d'aller dormir !
- Je suis déjà dans mon lit !

Les grandes compétences sociales · Membre d'un groupe / Je respecte les règles

Jeu de rôle. *Dans cette activité, l'enfant joue des rôles de personnages fictifs, en inventant des histoires et en déterminant les actions des personnages, les règles et l'intrigue.*

Scénario :

1. Aujourd'hui, nous allons jouer au jeu "Je respecte les règles". Nous aurons plusieurs rôles.

2. Commencez à jouer en imitant des membres d'un groupe qui respectent différentes règles. Demandez à l'enfant de deviner les règles dont il s'agit.

3. Si possible, représentez les scènes ci-dessous avec un autre adulte.

4. Dans un jeu de rôle, l'enfant et vous pouvez jouer, chacun à votre tour, des personnages qui respectent différentes règles. Discutez ensuite de l'importance et des avantages du fait que les membres d'un groupe en respectent les règles.
   Scénario 1 : À l'école - Tu es un enfant qui se lève tout le temps et qui fait du bruit en classe.
   Scénario 2 : À l'école - Tu es un nouvel élève. Tu demandes aux autres de t'apprendre les règles de la classe.
   Scénario 3 : À l'aire de jeux - Tu es à l'aire de jeux et tu vois un enfant qui grimpe à un haut arbre.
   Scénario 4 : À la maison - Tu es en train de déjeuner et tu remarques que ta petite sœur a les mains sales.
   Scénario 5 : En rue - Tu veux aller sur le trottoir d'en face et tu suis la règle (regarder à droite et à gauche avant de traverser, puis passer sans tarder).
   Scénario 6 : À la maison - Il est 21h et tu dois aller te coucher.
   Scénario 7 : Durant un jeu de société - Tu joues avec un ami à un nouveau jeu de société. Vous lisez les règles du jeu et vous les apprenez ; ensuite, vous essayez de jouer en les respectant.
   Scénario 8 : À la maison - Tu essaies d'apprendre à ta sœur, qui est encore petite, les règles d'hygiène (de propreté).

5. Modification du scénario. À ce stade, vous pouvez modifier les scénarios ou les étoffer.

* Photos / étiquettes à utiliser pour aider les enfants qui en ont besoin.

| Les règles à l'école | Les règles à la maison | Les règles en rue |

Les grandes compétences sociales · Membre d'un groupe / Je respecte les règles

Activité de groupe. *L'objectif de cette activité est d'adapter la compétence apprise à l'environnement quotidien de l'enfant.*

8

Activité de groupe

Instructions :

8A : Les enfants sont assis en cercle. Donnez-leur la fiche 8A. Ils peuvent la remplir ou vous pouvez en discuter directement oralement. Demandez-leur, parmi les règles présentées, lesquelles doivent toujours être respectées (non négociables) et lesquelles peuvent parfois changer (flexibles). Ils devront justifier leur réponse.

8B : Les enfants sont assis en cercle. Donnez-leur les fiches 8B qui présentent les règles à l'école, à la maison et dans la rue. Discutez en groupe de ces règles. Ensuite, demandez aux enfants lesquelles sont non négociables et lesquelles sont flexibles, d'après eux. Invitez-les à justifier leur réponse. Enfin, proposez au groupe de compléter ses règles d'après la discussion que vous avez eue.

8C : Ensuite, demandez-leur s'ils ont deviné la règle. Invitez-les à discuter des règles qu'il y a dans leur famille : lesquelles sont non négociables ? Lesquelles sont flexibles ?

Bon amusement !

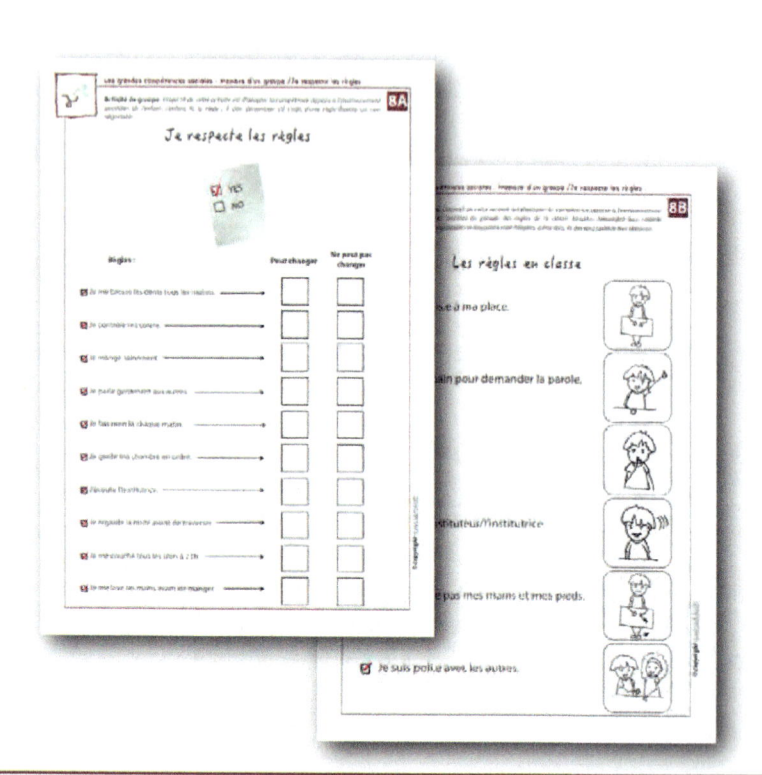

Les grandes compétences sociales · Membre d'un groupe / Je respecte les règles

Activité de groupe. *L'objectif de cette activité est d'adapter la compétence apprise à l'environnement quotidien de l'enfant. L'enfant lit la règle ; il doit déterminer s'il s'agit d'une règle flexible ou non négociable.*

8A

Je respecte les règles

Règles :	Peut changer	Ne peut pas changer
☑ Je me brosse les dents tous les matins.	☐	☐
☑ Je contrôle ma colère.	☐	☐
☑ Je mange sainement.	☐	☐
☑ Je parle gentiment aux autres.	☐	☐
☑ Je fais mon lit chaque matin.	☐	☐
☑ Je garde ma chambre en ordre.	☐	☐
☑ J'écoute l'institutrice.	☐	☐
☑ Je regarde la route avant de traverser.	☐	☐
☑ Je me couche tous les soirs à 21h.	☐	☐
☑ Je me lave les mains avant de manger.	☐	☐

Les grandes compétences sociales · Membre d'un groupe / Je respecte les règles

8B

Activité de groupe. L'objectif de cette activité est d'adapter la compétence apprise à l'environnement quotidien de l'enfant. Discutez en groupe des règles de la classe. Ensuite, demandez aux enfants lesquelles sont non négociables et lesquelles sont flexibles, à leur avis. Ils devront justifier leur réponse.

Les règles en classe

- ☑ Je reste assis.e à ma place.

- ☑ Je lève la main pour demander la parole.

- ☑ Je me tais.

- ☑ J'écoute l'instituteur/l'institutrice.

- ☑ Je ne remue pas mes mains et mes pieds.

- ☑ Je suis poli.e avec les autres.

Les grandes compétences sociales · Membre d'un groupe / Je respecte les règles

8B

Activité de groupe. *L'objectif de cette activité est d'adapter la compétence apprise à l'environnement quotidien de l'enfant. Après discussion, en groupe, vous pouvez établir vos propres règles.*

Les règles en classe

☑ _____

☑ _____

☑ _____

☑ _____

☑ _____

☑ _____

Les grandes compétences sociales · Membre d'un groupe / Je respecte les règles

8B

Activité de groupe. *L'objectif de cette activité est d'adapter la compétence apprise à l'environnement quotidien de l'enfant. Discutez en groupe des règles établies à la maison. Ensuite, demandez aux enfants lesquelles sont non négociables et lesquelles sont flexibles, à leur avis. Ils devront justifier leur réponse.*

Les règles à la maison

- ☑ Je parle gentiment à la famille.

- ☑ J'écoute papa et maman.

- ☑ Je me brosse les dents le matin et le soir.

- ☑ Je range ma chambre.

- ☑ Je vais dormir à 21h.

- ☑ Je range mes jouets.

Les grandes compétences sociales · Membre d'un groupe / Je respecte les règles

Activité de groupe. *L'objectif de cette activité est d'adapter la compétence apprise à l'environnement quotidien de l'enfant. Après discussion, en groupe, vous pouvez établir vos propres règles.*

8B

Les règles à la maison

Les grandes compétences sociales · Membre d'un groupe / Je respecte les règles

Activité de groupe. L'objectif de cette activité est d'adapter la compétence apprise à l'environnement quotidien de l'enfant. Discutez en groupe des règles qu'il faut suivre en rue. Ensuite, demandez aux enfants lesquelles sont non négociables et lesquelles sont flexibles, à leur avis. Ils devront justifier leur réponse.

8B

Les règles en rue

- ☑ Je regarde à droite et à gauche avant de traverser.

- ☑ Je tiens la main de papa ou de maman quand je traverse.

- ☑ J'attends que le feu passe au vert pour les piétons avant de traverser.

- ☑ Je fais attention en traversant la rue.

- ☑ Je marche toujours sur le trottoir.

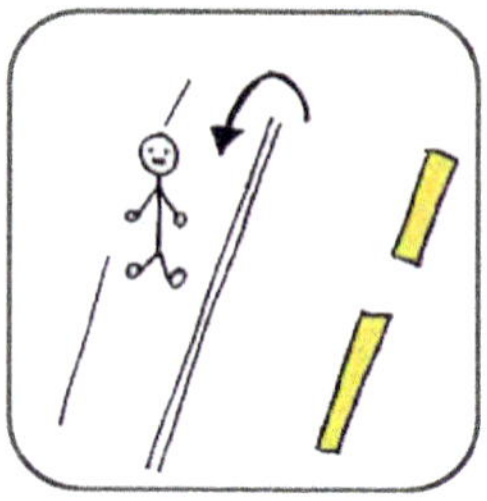

- ☑ Je fais attention aux panneaux routiers.

Les grandes compétences sociales · Membre d'un groupe / Je respecte les règles

Activité de groupe. *L'objectif de cette activité est d'adapter la compétence apprise à l'environnement quotidien de l'enfant. Après discussion, en groupe, vous pouvez établir vos propres règles.*

8B

Les règles en rue

- ☑ _____
- ☑ _____
- ☑ _____
- ☑ _____
- ☑ _____
- ☑ _____

Les grandes compétences sociales · Membre d'un groupe / Je respecte les règles

Activité de groupe. *Activités*

8C

89

Les grandes compétences sociales · Membre d'un groupe / Je respecte les règles

Document destiné aux parents (mise en pratique)

Chers parents,

Nous travaillons pour le moment avec _____ le développement des
(prénom de l'enfant)
compétences sociales.

Les compétences sociales sont utilisées pour communiquer et interagir avec d'autres personnes. Le fait de bien s'intégrer dans un groupe permet d'exercer de nouvelles compétences et d'améliorer son statut social.

Les compétences sociales sont nécessaires pour que chacun se sente bien dans un groupe ou dans une communauté.

Pour aider votre enfant à utiliser ses nouvelles compétences dans des situations de la vie quotidienne, nous avons besoin de votre aide !

_____ a appris à créer des liens et à respecter les règles, entre autres au
(prénom de l'enfant)
sein d'un groupe.

Les étapes de la mise en pratique sont les suivantes :

Je respecte les règles :

① Je respecte les règles à l'école, à la maison et dans la rue.

② Il existe des règles qui ne changent pas.

③ Il y a aussi des règles que l'on peut modifier.

④ En respectant les règles, on respecte ceux qui nous entourent et on fonctionne en harmonie avec les autres membres du groupe.

Commentaires des parents sur la mise en pratique : _____
_____
_____
_____
_____

Merci beaucoup pour votre collaboration !

Les grandes compétences sociales · Membre d'un groupe / Je respecte les règles

Récompense à attribuer. *La reconnaissance des efforts de l'enfant et de l'amélioration de ses capacités est très importante, parce qu'elle l'encourage à persévérer, à appliquer ce qui a été appris, en renforçant sa confiance et son estime de soi.*

Bravo, tu as réussi !

Prénom :

Pour tes efforts, tu as gagné le diplôme
« Je respecte les règles ».

Je me souviens, je comprends, j'applique :

(Certaines règles changent)

(Certaines règles ne changent pas)

(En respectant les règles, on respecte ceux qui nous entourent)

Les grandes compétences sociales - Membre d'un groupe

6

Nous prenons des décisions communes

Les grandes compétences sociales · Membre d'un groupe / Nous prenons des décisions communes

Petite histoire : *Le spécialiste lit le scénario à voix haute. Évitez les expressions qui pourraient inquiéter ou stresser l'enfant (intonation et volume de la voix). Le contenu et la manière d'exposer les scénarios doivent être adaptés à son âge et à son niveau de compréhension.*

Nous prenons des décisions communes

Dans chaque groupe, il y a des personnes différentes, avec des caractères différents et des envies ou des souhaits différents. Souvent, le groupe doit prendre des décisions communes. Quand je suis dans un groupe et que nous devons prendre une décision :

✓ Je donne mon avis.

✓ J'explique pourquoi je suis de cet avis (j'argumente).

✓ J'écoute avec attention l'avis des autres.

✓ Je discute et je décide en commun avec les autres membres du groupe.

Nous arrivons tous ensemble à une décision commune, que je respecte et que je soutiens, même si ce n'est pas ma propre décision.

Les grandes compétences sociales - Membre d'un groupe /Nous prenons des décisions communes

Petite histoire : Adaptez le scénario à l'enfant avec qui vous travaillez. Demandez des photographies à la personne responsable de l'enfant et collez-les ci-dessous.

Nous prenons des décisions communes

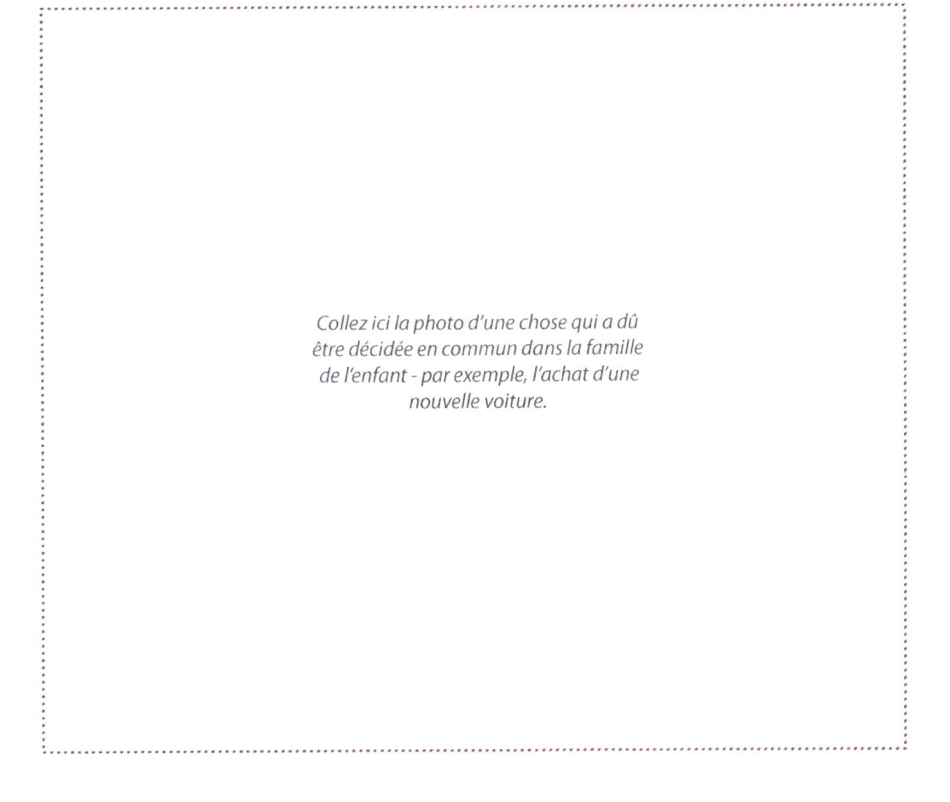

Collez ici la photo d'une chose qui a dû être décidée en commun dans la famille de l'enfant - par exemple, l'achat d'une nouvelle voiture.

Dans chaque groupe, il y a des personnes différentes, avec des caractères différents et des envies ou des souhaits différents. Souvent, le groupe doit prendre des décisions communes. Quand je suis dans un groupe et que nous devons prendre une décision :

- ✓ Je donne mon avis.
- ✓ J'explique pourquoi je suis de cet avis (j'argumente).
- ✓ J'écoute avec attention l'avis des autres.
- ✓ Je discute et je décide en commun avec les autres membres du groupe.

Nous arrivons tous ensemble à une décision commune, que je respecte et que je soutiens, même si ce n'est pas ma propre décision.

Demandez à l'enfant quelles décisions communes ont été prises, en lien avec la photo ci-dessus. Discutez ensuite des réponses de l'enfant.

Les grandes compétences sociales · Membre d'un groupe / Nous prenons des décisions communes

Analyse d'une situation sociale via des questions
But : apprendre à l'enfant à réfléchir, à peser ses choix et à prendre des décisions en groupe.

3

C'est l'anniversaire de Fanny. Ses amis lui ont organisé une fête surprise et lui ont acheté un cadeau tous ensemble. Regarde l'image et réponds aux questions qui suivent.

1. Est-ce que l'enfant dont c'est l'anniversaire est un garçon ?
2. Est-ce que c'est une fille ?
3. Est-ce que tous les enfants sont des filles ?
4. Combien y a-t-il d'enfants ?
5. Où se trouvent les enfants ?
6. Pourquoi sont-ils contents ?
7. Que vont-ils donner à Fanny ?
8. Pourquoi n'ont-ils qu'un cadeau ?
9. Lequel des enfants a décidé du cadeau qu'ils allaient acheter, à ton avis ?
10. Les enfants ont dû décider du cadeau tous ensemble. Qu'est-ce qu'ils ont fait, à ton avis ?
11. Est-ce qu'il t'est déjà arrivé d'être dans un groupe où vous deviez prendre une décision commune ?
12. Est-il difficile pour un groupe de prendre des décisions communes ? Pourquoi ?

Les grandes compétences sociales · Membre d'un groupe / Nous prenons des décisions communes

Choix de la meilleure situation sociale. Lisez à l'enfant le scénario tout en lui montrant l'image 1. Montrez-lui les deux versions possibles de la suite (images 2 et 3). Il devra décider laquelle est correcte et laquelle ne l'est pas.

1. **Scénario :** La classe de Cathy doit décider de l'endroit où se fera l'excursion de fin d'année.
2. Quand c'est au tour de Cathy de parler, elle dit qu'elle préfère la mer, parce qu'il va faire chaud et que cela permettra de se rafraîchir. Cependant, elle écoute aussi l'avis des autres et elle y réfléchit.
3. Quand c'est au tour de Cathy de parler, elle dit que s'ils ne vont pas à la mer, elle ne participera pas à l'excursion.

Les grandes compétences sociales · Membre d'un groupe / Nous prenons des décisions communes

Résolution d'un problème. Pour résoudre correctement un problème, il faut d'abord le comprendre. Suivez le guide (les étapes d'analyse) ci-dessous, pour apprendre à l'enfant à réagir correctement face au problème.

5

A. Scénario : Maria a rejoint ses amis, mais ils n'ont pas décidé du jeu auquel ils allaient jouer. Que doit faire Maria avec ses amis ?

B. Analyse / étapes :

1. **Identification du problème :** Maria et ses amis n'ont pas décidé du jeu auquel ils allaient jouer.
2. **Recherche d'informations / d'idées :** Chaque enfant propose un jeu auquel il voudrait jouer avec ses amis.
3. **Choix d'une idée :** Quand tous les enfants ont proposé un jeu, ils doivent décider auquel ils vont jouer.
4. **Élaboration et essai de l'idée :** Chaque enfant propose un jeu ; ensuite, tous ensemble, ils doivent décider auquel ils vont jouer. Ils finiront par choisir celui qui plaît à tous.
5. **Évaluation du résultat :** De cette manière, Maria et ses amis auront pris une décision commune à propos du jeu auquel ils vont jouer et ils seront tous satisfaits !

Les grandes compétences sociales · Membre d'un groupe / Nous prenons des décisions communes

Dialogues (petites bandes dessinées). *Ci-dessous se trouvent quatre dialogues. L'enfant doit observer les différents éléments de chaque image et indiquer, pour chacune des situations, si elle est correcte ou non, en écrivant V ou X dans la case.*

6

- On joue à cache-cache ou à chat ?
- Moi, je veux juste jouer à cache-cache ! Sinon, je pars !
- ???

- On achète des glaces !
- On a 5 euros ! Qu'est-ce qu'on va en faire ?
- On achète des bonbons !

- Qu'est-ce qu'on va manger ?
- Des pommes de terre !
- Une salade !

- On va se promener à vélo ou à pieds ?
- Moi, je n'irai nulle part !
- ???

Les grandes compétences sociales · Membre d'un groupe / Nous prenons des décisions communes

Jeu de rôle. *Dans cette activité, l'enfant joue des rôles de personnages fictifs, en inventant des histoires et en déterminant les actions des personnages, les règles et l'intrigue.*

7

Scénario :

1. Aujourd'hui, nous allons jouer au jeu "Nous prenons des décisions communes". Nous aurons plusieurs rôles.

2. Commencez à jouer en imitant différents rôles parmi les membres d'un groupe qui doivent prendre une décision commune. Invitez l'enfant à prendre part à la discussion.

3. Si possible, représentez les scènes ci-dessous avec un autre adulte.

4. Dans un jeu de rôle, l'enfant et vous pouvez jouer différents personnages qui sont amenés à prendre des décisions communes. Discutez ensuite, avec l'enfant, de l'importance et des avantages, pour les membres d'un groupe, de prendre des décisions communes.
   Scénario 1 : Vous devez décider en groupe de ce que vous allez faire à la fête de l'école.
   Scénario 2 : Vous devez décider ensemble de l'excursion de fin d'année de votre classe.
   Scénario 3 : Vous devez décider en groupe de la pièce de théâtre que votre école va présenter.
   Scénario 4 : Vous devez décider en groupe du cadeau que vous allez offrir à votre institutrice.
   Scénario 5 : Vous devez décider ensemble de la façon dont vous allez dépenser l'argent que le directeur de l'école a donné à votre classe.
   Scénario 6 : Vous devez décider ensemble de la discipline sportive que votre école va représenter.
   Scénario 7 : Vous devez décider ensemble du nettoyage de la cour.
   Scénario 8 : Vous devez décider en groupe du jeu auquel vous allez jouer.

5. Modification du scénario. À ce stade, vous pouvez modifier les scénarios ou les étoffer.

* Photos / étiquettes à utiliser pour aider les enfants qui en ont besoin.

| Je donne mon avis et j'argumente. | J'écoute l'avis des autres. | Nous décidons ensemble. |

Les grandes compétences sociales · Membre d'un groupe / Nous prenons des décisions communes

Activité de groupe. *L'objectif de cette activité est d'adapter la compétence apprise à l'environnement quotidien de l'enfant.*

Activité de groupe

Instructions :

Répartissez les enfants en groupes de trois ou quatre et donnez-leur la fiche 8A. Choisissez un porte-parole par groupe. Présentez aux enfants l'un des scénarios du document 8B. Donnez-leur ensuite 15 minutes pour que les groupes échangent leurs idées ; les porte-paroles devront en prendre note. Chaque personne devra essayer de convaincre ses partenaires de la raison pour laquelle elle pense que son idée est la plus logique, la plus amusante, la meilleure, etc.

Ensuite, le porte-parole de chaque groupe lira toutes les idées proposées et la décision commune. Chaque enfant prendra la parole pour dire quelle était son idée et pourquoi il soutient celle qui a été finalement retenue par l'ensemble du groupe.

Par exemple, pour le scénario sur la somme d'argent, un enfant peut dire : "Au début, j'ai pensé que nous devrions donner l'argent à une association caritative. Quand le groupe a décidé d'acheter des jouets pour les orphelins, je me suis dit que c'était une forme de charité." On pourrait aussi dire : "Au départ, je me suis dit que nous devrions donner l'argent à des enfants pauvres. Quand le groupe a décidé qu'avec cet argent, nous ferions une excursion, j'ai pensé que ce serait plus amusant. Je peux moi-même donner une partie de mon argent aux enfants pauvres."

Après cela, discutez ensemble du scénario et des idées que les enfants ont données. L'objectif de l'activité est la prise de décisions communes et l'évolution de la façon dont on considère ces dernières.

Bon amusement !

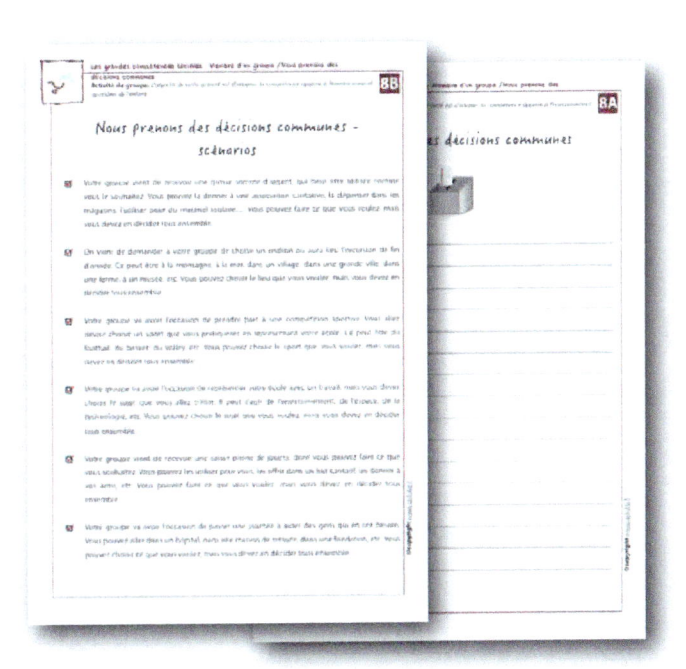

Les grandes compétences sociales · Membre d'un groupe / Nous prenons des décisions communes

Activité de groupe. *L'objectif de cette activité est d'adapter la compétence apprise à l'environnement quotidien de l'enfant.*

8A

Nous prenons des décisions communes

Idées données :

1. _____

2. _____

3. _____

4. _____

5. _____

6. _____

7. _____

8. Idée finalement retenue : _____

Les grandes compétences sociales · Membre d'un groupe / Nous prenons des décisions communes

Activité de groupe. *L'objectif de cette activité est d'adapter la compétence apprise à l'environnement quotidien de l'enfant.*

8B

Nous prenons des décisions communes - scénarios

- ☑ Votre groupe vient de recevoir une grosse somme d'argent, qui peut être utilisée comme vous le souhaitez. Vous pouvez la donner à une association caritative, la dépenser dans les magasins, l'utiliser pour du matériel scolaire,… Vous pouvez faire ce que vous voulez, mais vous devez en décider tous ensemble.

- ☑ On vient de demander à votre groupe de choisir un endroit où aura lieu l'excursion de fin d'année. Ce peut être à la montagne, à la mer, dans un village, dans une grande ville, dans une ferme, à un musée, etc. Vous pouvez choisir le lieu que vous voulez, mais vous devez en décider tous ensemble.

- ☑ Votre groupe va avoir l'occasion de prendre part à une compétition sportive. Vous allez devoir choisir un sport que vous pratiquerez pour représenter votre école. Ce peut être du football, du basket, du volley, etc. Vous pouvez choisir le sport que vous voulez, mais vous devez en décider tous ensemble.

- ☑ Votre groupe va avoir l'occasion de représenter votre école avec un travail, mais vous devez choisir le sujet que vous allez traiter. Il peut s'agir de l'environnement, de l'espace, de la technologie, etc. Vous pouvez choisir le sujet que vous voulez, mais vous devez en décider tous ensemble.

- ☑ Votre groupe vient de recevoir une caisse pleine de jouets, dont vous pouvez faire ce que vous souhaitez. Vous pouvez les utiliser pour vous, les offrir dans un but caritatif, les donner à vos amis, etc. Vous pouvez faire ce que vous voulez, mais vous devez en décider tous ensemble.

- ☑ Votre groupe va avoir l'occasion de passer une journée à aider des gens qui en ont besoin. Vous pouvez aller dans un hôpital, dans une maison de retraite, dans une fondation, etc. Vous pouvez choisir ce que vous voulez, mais vous devez en décider tous ensemble.

Les grandes compétences sociales · Membre d'un groupe / Nous prenons des décisions communes

Document destiné aux parents (mise en pratique)

Chers parents,

Nous travaillons pour le moment avec _____ le développement des
(prénom de l'enfant)
compétences sociales.

Les compétences sociales sont utilisées pour communiquer et interagir avec d'autres personnes. Le fait de bien s'intégrer dans un groupe permet d'exercer de nouvelles compétences et d'améliorer son statut social.

Les compétences sociales sont nécessaires pour que chacun se sente bien dans un groupe ou dans une communauté.

Pour aider votre enfant à utiliser ses nouvelles compétences dans des situations de la vie quotidienne, nous avons besoin de votre aide !

_____ a appris à créer des liens, à prendre des décisions communes
(prénom de l'enfant)
avec un groupe.

Les étapes de la mise en pratique sont les suivantes :

Pour prendre une décision commune avec un groupe :

① Je donne mon avis.

② J'explique pourquoi je suis de cet avis (j'argumente).

③ J'écoute avec attention l'avis des autres.

④ Je discute et je décide en commun avec les autres membres du groupe.

Commentaires des parents sur la mise en pratique : _____
_____
_____
_____
_____

Merci beaucoup pour votre collaboration !

Les grandes compétences sociales · Membre d'un groupe / Nous prenons des décisions communes

Récompense à attribuer. La reconnaissance des efforts de l'enfant et de l'amélioration de ses capacités est très importante, parce qu'elle l'encourage à persévérer, à appliquer ce qui a été appris, en renforçant sa confiance et son estime de soi.

Bravo, tu as réussi !

#1

Prénom :

Pour tes efforts, tu as gagné le diplôme
« Nous prenons des décisions communes ».

Je me souviens, je comprends, j'applique :

- Je donne mon avis avec des arguments.
- J'écoute l'avis des autres.
- Nous décidons ensemble.

Les grandes compétences sociales · Membre d'un groupe

7

J'accepte la différence

Les grandes compétences sociales · Membre d'un groupe / J'accepte la différence

Petite histoire : Le spécialiste lit le scénario à voix haute. Évitez les expressions qui pourraient inquiéter ou stresser l'enfant (intonation et volume de la voix). Le contenu et la manière d'exposer les scénarios doivent être adaptés à son âge et à son niveau de compréhension.

J'accepte la différence

Quand nous passons du temps avec d'autres personnes, nous devons être tolérants les uns envers les autres, parce que nous sommes différents. Notre monde est constitué de personnes de plusieurs cultures et de pays variés.

Peu importe à quel point les gens sont différents ou comment ils fonctionnent, nous devons toujours être polis avec eux. Si nous respectons les différences de chaque personne, nous pouvons tous apprendre les uns des autres : notre force se trouve dans nos différences, pas dans nos ressemblances.

Il faut du temps pour connaître réellement les gens, au-delà de leur apparence, de leur façon de parler ou de leur manière d'agir. Si tout le monde pouvait comprendre et accepter que ce qui est bien pour nous n'est pas forcément bien pour les autres, le monde serait meilleur !

Les grandes compétences sociales - Membre d'un groupe / J'accepte la différence

Petite histoire : Adaptez le scénario à l'enfant avec qui vous travaillez. Demandez des photographies à la personne responsable de l'enfant et collez-les ci-dessous.

2

J'accepte la différence

Collez ici une photo des enfants de la classe.

Quand nous passons du temps avec d'autres personnes, nous devons être tolérants les uns envers les autres, parce que nous sommes différents. Notre monde est constitué de personnes de plusieurs cultures et de pays variés.

Peu importe à quel point les gens sont différents ou comment ils fonctionnent, nous devons toujours être polis avec eux. Si nous respectons les différences de chaque personne, nous pouvons tous apprendre les uns des autres : notre force se trouve dans nos différences, pas dans nos ressemblances.

Il faut du temps pour connaître réellement les gens, au-delà de leur apparence, de leur façon de parler ou de leur manière d'agir. Si tout le monde pouvait comprendre et accepter que ce qui est bien pour nous n'est pas forcément bien pour les autres, le monde serait meilleur !

Discutez avec l'enfant de la photo ci-dessus.

Les grandes compétences sociales · Membre d'un groupe / J'accepte la différence

Analyse d'une situation sociale via des questions
But : apprendre à l'enfant la différence.

3

Chaque enfant vient d'un pays différent. Ils participent à une fête où ils portent chacun le costume traditionnel de leur pays. Regarde l'image et réponds aux questions qui suivent.

1. Est-ce que les enfants sont tous des garçons ?

2. Est-ce que ce sont tous des filles ?

3. Est-ce que ce sont des garçons et des filles ?

4. Combien d'enfants y a-t-il au total ?

5. Où se trouvent-ils ?

6. Est-ce qu'ils viennent de différents pays ?

7. Pourquoi portent-ils des vêtements inhabituels ?

8. Si tu te trouvais avec eux, quels vêtements porterais-tu ?

9. Que veut dire le mot "différence" ?

10. Pourquoi faut-il respecter les différences des autres ?

11. Est-ce que l'apparence des autres, ou encore la façon dont ils parlent ou agissent, ont de l'importance ?

12. Pourquoi le monde serait-il ennuyeux si chaque personne était semblable aux autres ?

Les grandes compétences sociales · Membre d'un groupe / J'accepte la différence

Choix de la meilleure situation sociale. Lisez à l'enfant le scénario tout en lui montrant l'image 1. Montrez-lui les deux versions possibles de la suite (images 2 et 3). Il devra décider laquelle est correcte et laquelle ne l'est pas.

1. **Scénario :** Vanessa est nouvelle dans la classe de Manon. Elle s'habille de façon étrange et elle n'est pas comme les autres enfants de la classe.

2. Manon voit bien que Vanessa est différente et elle l'évite. Elle ne veut pas être son amie, car Vanessa semble différente des autres.

3. Manon s'approche de Vanessa et elle la salue gentiment. Ce n'est pas grave si elle est différente ; elles peuvent devenir amies.

Les grandes compétences sociales · Membre d'un groupe / J'accepte la différence

Résolution d'un problème. Pour résoudre correctement un problème, il faut d'abord le comprendre. Suivez le guide (les étapes d'analyse) ci-dessous, pour apprendre à l'enfant à réagir correctement face au problème.

A. Scénario : Dans la classe de Sébastien, sont arrivés deux nouveaux élèves qui ne marchent pas. Ils se déplacent en fauteuil roulant. Tout le monde est gentil avec eux en classe, sauf Sébastien. Il ne s'approche pas d'eux, car ils ont l'air si différents… Que peut-il faire ?

B. Analyse / étapes :

1. **Identification du problème :** Sébastien ne s'approche pas des nouveaux élèves de la classe, car ils ont l'air différents.
2. **Recherche d'informations / d'idées :** Pourquoi a-t-il peur de la différence ?
3. **Choix d'une idée :** Que peut-il faire ?
4. **Élaboration et essai de l'idée :** Sébastien peut se dire que le fait que les nouveaux ont l'air différents n'est pas important ; ils ont les mêmes besoins que lui. Ils ont besoin d'amis, de jeux, d'affection et d'amour.
5. **Évaluation du résultat :** De cette façon, Sébastien pourra s'approcher des nouveaux, les saluer et, qui sait, en apprenant à se connaître, ils deviendront peut-être bons amis !

Les grandes compétences sociales · Membre d'un groupe / J'accepte la différence

Dialogues (petites bandes dessinées). Ci-dessous se trouvent quatre dialogues. L'enfant doit observer les différents éléments de chaque image et indiquer, pour chacune des situations, si elle est correcte ou non, en écrivant V ou X dans la case.

— Tu veux jouer ?
— Oui !

— Mais qu'est-ce c'est que ces vêtements ?
— ???

— Ha ! Comment tu fais pour avoir des cheveux comme ça ?
— ???

— Comment tu t'appelles ?
— Maria. Et toi ?

Les grandes compétences sociales · Membre d'un groupe / J'accepte la différence

Jeu de rôle. *Dans cette activité, l'enfant joue des rôles de personnages fictifs, en inventant des histoires et en déterminant les actions des personnages, les règles et l'intrigue.*

7

Scénario :

1. Aujourd'hui, nous allons jouer au jeu "Je suis différent.e". Nous aurons plusieurs rôles.

2. Commencez à jouer en imitant différents rôles parmi les membres d'un groupe, de façon à ce que les enfants comprennent que le groupe se compose de toutes ces personnes, qui ont à la fois des points communs et des différences.

3. Si possible, représentez les scènes ci-dessous avec un autre adulte.

4. Dans un jeu de rôle, l'enfant et vous pouvez jouer différents personnages, de manière à observer et à accepter la différence entre vous/eux. Ensuite, vous discuterez de l'importance, pour les membres d'un groupe, de reconnaître et de respecter la différence de l'autre.
   Scénario 1 : Dans ta classe, arrive un nouveau qui a l'air différent des autres. Il s'habille et il s'exprime de façon étrange. Que fais-tu ?
   Scénario 2 : Tu es à la caisse du supermarché et, devant toi, se trouve un homme grand et tout tatoué. Il se retourne et te demande poliment l'heure. Que fais-tu ?
   Scénario 3 : Ton ami arrive au parc avec sa grand-mère, que tu n'as jamais vue. Elle te semble différente des grands-mères habituelles. Que fais-tu ?
   Scénario 4 : Tes parents et toi déménagez en Suède. Tu te retrouves brusquement dans une classe où tous les enfants parlent une autre langue et semblent différents. Que fais-tu ? Comment te sens-tu ?
   Scénario 5 : Un aveugle attend au feu rouge. Il veut traverser la route. Que fais-tu ?
   Scénario 6 : Tu participes à une activité où tous les autres membres de ton groupe sont de l'autre sexe. Que fais-tu ? Comment te sens-tu ?
   Scénario 7 : Tes parents parlent d'adopter un enfant d'un autre pays et ils te demandent ton avis. Qu'en penses-tu ? Comment te sens-tu ?

5. Modification du scénario. À ce stade, vous pouvez modifier les scénarios ou les étoffer.

* Photos / étiquettes à utiliser pour aider les enfants qui en ont besoin.

Je respecte	J'apprends	Je fais connaissance
Je respecte les différences de l'autre.	Nous apprenons l'un de l'autre.	Je connais vraiment quelqu'un, au-delà de son apparence ou de la manière dont il parle ou agit.

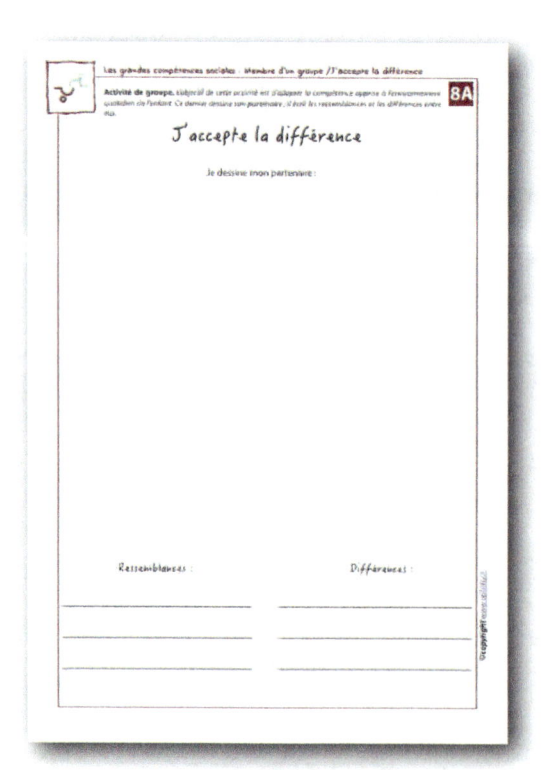

Les grandes compétences sociales · Membre d'un groupe /J'accepte la différence

Activité de groupe. *L'objectif de cette activité est d'adapter la compétence apprise à l'environnement quotidien de l'enfant.*

Activité de groupe

Instructions :

8A : Répartissez les enfants en duos et donnez-leur la fiche 8A. Chaque enfant devra dessiner son partenaire ; il devra aussi écrire trois ressemblances et trois différences entre eux. Ensuite, chaque duo présentera au reste du groupe ses dessins et les informations écrites. Vous en discuterez après, tous ensemble.

Bon amusement !

Les grandes compétences sociales - Membre d'un groupe / J'accepte la différence

Activité de groupe. *L'objectif de cette activité est d'adapter la compétence apprise à l'environnement quotidien de l'enfant. Ce dernier dessine son partenaire ; il écrit les ressemblances et les différences entre eux.*

8A

J'accepte la différence

Je dessine mon partenaire :

Ressemblances :

_____

_____

_____

Différences :

_____

_____

_____

Les grandes compétences sociales · Membre d'un groupe / J'accepte la différence

Document destiné aux parents (mise en pratique)

Chers parents,

Nous travaillons pour le moment avec _____ le développement des
(prénom de l'enfant)
compétences sociales.

Les compétences sociales sont utilisées pour communiquer et interagir avec d'autres personnes. Le fait de bien s'intégrer dans un groupe permet d'exercer de nouvelles compétences et d'améliorer son statut social.

Les compétences sociales sont nécessaires pour que chacun se sente bien dans un groupe ou dans une communauté.

Pour aider votre enfant à utiliser ses nouvelles compétences dans des situations de la vie quotidienne, nous avons besoin de votre aide !

_____ a appris à créer des liens en acceptant la différence.
(prénom de l'enfant)

Les étapes de la mise en pratique sont les suivantes :

J'accepte la différence :

① Je respecte les différences de l'autre.

② Nous apprenons l'un de l'autre.

③ Je connais vraiment quelqu'un, au-delà de son apparence ou de la manière dont il parle ou agit.

④ J'accepte nos différences.

Commentaires des parents sur la mise en pratique : _____
_____
_____
_____
_____

Merci beaucoup pour votre collaboration !

Les grandes compétences sociales · Membre d'un groupe / J'accepte la différence

Récompense à attribuer. *La reconnaissance des efforts de l'enfant et de l'amélioration de ses capacités est très importante, parce qu'elle l'encourage à persévérer, à appliquer ce qui a été appris, en renforçant sa confiance et son estime de soi.*

Bravo, tu as réussi !

Prénom :

Pour tes efforts, tu as gagné le diplôme
« J'accepte la différence ».

Je me souviens, je comprends, j'applique :

(Je respecte)   (J'apprends)   (Je fais connaissance)   (J'accepte)

Les grandes compétences sociales · Membre d'un groupe

8

Mes modèles

Les grandes compétences sociales · Membre d'un groupe / Mes modèles

Petite histoire : *Le spécialiste lit le scénario à voix haute. Évitez les expressions qui pourraient inquiéter ou stresser l'enfant (intonation et volume de la voix). Le contenu et la manière d'exposer les scénarios doivent être adaptés à son âge et à son niveau de compréhension.*

Mes modèles

Mes modèles sont les gens que j'admire vraiment. Je peux les admirer pour leurs qualités, la manière dont ils vivent, ou encore pour les choses qui sont importantes pour eux.

Je les admire ; je peux même vouloir être exactement comme eux.

La plupart des gens ont, comme modèles, des membres de leur famille ou des personnages célèbres : des artistes, des scientifiques, des sportifs, des penseurs, des gens convaincus qui défendent leurs idées, etc.

Il est bon d'avoir des modèles dans notre vie, car c'est un bon moyen d'entrer en contact et de converser avec les autres, du moment que cela ne limite pas nos initatives, notre propre façon de nous exprimer et notre liberté de choisir !

Les grandes compétences sociales · Membre d'un groupe / Mes modèles

Petite histoire : Adaptez le scénario à l'enfant avec qui vous travaillez. Demandez des photographies à la personne responsable de l'enfant et collez-les ci-dessous.

Mes modèles

Collez ici une photo d'un modèle de l'enfant.

Collez ici une photo d'un modèle de l'enfant.

Mes modèles sont les gens que j'admire vraiment. Je peux les admirer pour leurs qualités, la manière dont ils vivent, ou encore pour les choses qui sont importantes pour eux.
Je les admire ; je peux même vouloir être exactement comme eux.

La plupart des gens ont, comme modèles, des membres de leur famille ou des personnages célèbres : des artistes, des scientifiques, des sportifs, des penseurs, des gens convaincus qui défendent leurs idées, etc.

Il est bon d'avoir des modèles dans notre vie, car c'est un bon moyen d'entrer en contact et de converser avec les autres, du moment que cela ne limite pas nos initatives, notre propre façon de nous exprimer et notre liberté de choisir !

Parlons de tes modèles ! Pourquoi as-tu choisis ceux-là ? Qu'est-ce que tu admires le plus, chez eux ?

Discutez avec l'enfant de ses réponses.

Les grandes compétences sociales · Membre d'un groupe / Mes modèles

Analyse d'une situation sociale via des questions
But : apprendre à l'enfant à identifier les qualités des modèles.

3

Grégory admire énormément son papa : c'est son modèle ! Il voudrait lui ressembler, quand il sera grand. Regarde l'image et réponds aux questions qui suivent.

1. Est-ce que l'enfant est une fille ?
2. Est-ce que l'enfant est un garçon ?
3. Est-ce que le parent que tu vois est son papa ?
4. Que fait l'enfant ?
5. Qu'est-ce qu'il a en main ?
6. Pourquoi sont-ils contents ?
7. Pourquoi Grégory admire-t-il son papa ?
8. Qui est le modèle de Grégory ?
9. Pourquoi Grégory veut-il ressembler à son papa ?
10. Est-ce que tous les enfants ont des modèles ?
11. Est-ce que toi, tu as des modèles ?
12. Qui sont tes modèles ? Pourquoi les as-tu choisis ?

Les grandes compétences sociales · Membre d'un groupe / Mes modèles

Choix de la meilleure situation sociale. Lisez à l'enfant le scénario tout en lui montrant l'image 1. Montrez-lui les deux versions possibles de la suite (images 2 et 3). Il devra décider laquelle est correcte et laquelle ne l'est pas.

4

1. **Scénario :** Dimitri fait partie d'une équipe de football. Son modèle est un footballeur célèbre.
2. Dimitri parle souvent de son modèle, avec admiration, et il aime discuter avec ses coéquipiers.
3. Dimitri veut tellement ressembler à son modèle qu'il s'entraîne pendant des heures sans réellement profiter du jeu.

Les grandes compétences sociales · Membre d'un groupe /Mes modèles

Résolution d'un problème. Pour résoudre correctement un problème, il faut d'abord le comprendre. Suivez le guide (les étapes d'analyse) ci-dessous, pour apprendre à l'enfant à réagir correctement face au problème.

A. Scénario : Nadia suit des cours de ballet depuis des années. C'est une bonne danseuse. Son modèle est Rudolf Noureev, un célèbre danseur russe de ballet. Elle veut vraiment lui ressembler. Que peut-elle faire ?

B. Analyse / étapes :

1. **Identification du problème :** Le modèle de Nadia est un danseur célèbre à qui elle veut ressembler.
2. **Recherche d'informations / d'idées :** Nadia est une bonne danseuse de ballet ; elle danse depuis des années.
3. **Choix d'une idée :** En observant son modèle, elle peut apprendre des choses utiles, comme le fait d'être persévérante, ou encore de travailler dur et méthodiquement.
4. **Élaboration et essai de l'idée :** Nadia est une bonne danseuse. Elle a pour modèle un danseur célèbre. Cela lui donne de la force pour continuer de s'entraîner sérieusement.
5. **Évaluation du résultat :** Il est bon d'avoir des modèles, car cela nous donne la force de continuer à essayer d'atteindre notre but - du moment que l'on n'essaie pas de devenir pareil à notre modèle.

Les grandes compétences sociales · Membre d'un groupe / Mes modèles

Dialogues (petites bandes dessinées). *Ci-dessous se trouvent quatre dialogues. L'enfant doit observer les différents éléments de chaque image et indiquer, pour chacune des situations, si elle est correcte ou non, en écrivant V ou X dans la case.*

6

— On va au concert ? Il y aura ton chanteur préféré !
— Bien sûr ! Je vais acheter des places !

— On va manger un gâteau après le match ?
— Ah non ! Les joueurs célèbres ne mangent pas de gâteaux !
— ???

— Je parle et j'agis exactement comme mon modèle !
— ???

— J'admire mon modèle, mais j'ai aussi ma propre personnalité !
— !!!

Les grandes compétences sociales · Membre d'un groupe / Mes modèles

Jeu de rôle. Dans cette activité, l'enfant joue des rôles de personnages fictifs, en inventant des histoires et en déterminant les actions des personnages, les règles et l'intrigue.

7

Scénario :

1. Aujourd'hui, nous allons jouer au jeu "Mes modèles". Nous aurons plusieurs rôles.

2. Commencez à jouer en imitant différents rôles parmi des personnalités qui sont des modèles. Demandez à l'enfant de choisir ou d'imiter son propre modèle.

3. Si possible, représentez les scènes ci-dessous avec un autre adulte.

4. Dans un jeu de rôle, l'enfant et vous pouvez jouer différents personnages parmi des gens, des contextes, des organisations qui constituent des modèles. Ensuite, vous discuterez des côtés négatifs et positifs des modèles.
   Scénario 1 : La famille, qui sert de modèle pour les valeurs telles que le respect, l'amour, la coopération. Jouez le père, la mère, le frère, la soeur, un autre membre de la famille...
   Scénario 2 : L'école, qui sert de modèle pour les idéaux tels que le mérite, la connaissance, le patriotisme, la tolérance et le travail. Jouez un enseignant, un condisciple, le directeur, etc.
   Scénario 3 : Les personnes spirituelles, qui servent de modèles pour les idéologies et les valeurs morales. Jouez un écrivain, un penseur, etc.
   Scénario 4 : Les savants, qui sont des modèles d'apport à la communauté. Jouez un scientifique, un chercheur, etc.
   Scénario 5 : Les organisations environnementales, qui sont des modèles pour la conscience écologique. Jouez un membre d'une organisation qui agit pour la protection de l'environnement, par exemple.
   Scénario 6 : Les organisations humanitaires, modèles d'aide désintéressée et d'amour envers l'homme. Jouez un membre d'une organisation humanitaire (MSF, la Croix-Rouge, etc.)

5. Modification du scénario. À ce stade, vous pouvez modifier les scénarios ou les étoffer.

* Photos / étiquettes à utiliser pour aider les enfants qui en ont besoin.

La famille en tant que modèle

Des célébrités (artistes, sportifs, etc.) en tant que modèles

Des personnes qui ont des valeurs morales et des idéaux en tant que modèles

Les grandes compétences sociales · Membre d'un groupe / Mes modèles

Activité de groupe. *L'objectif de cette activité est d'adapter la compétence apprise à l'environnement quotidien de l'enfant.*

8

Activité de groupe

Instructions :

8 : Les enfants sont assis en cercle. Expliquez-leur ce que sont les modèles, puis invitez-les à parler de leurs propres modèles, en leur posant des questions du document 8A.

Discutez ensuite de ce sujet et des réponses données par les enfants. L'objectif de cette activité est qu'ils comprennent ce que sont les modèles et le rôle que ces derniers jouent dans nos vies.

Bon amusement !

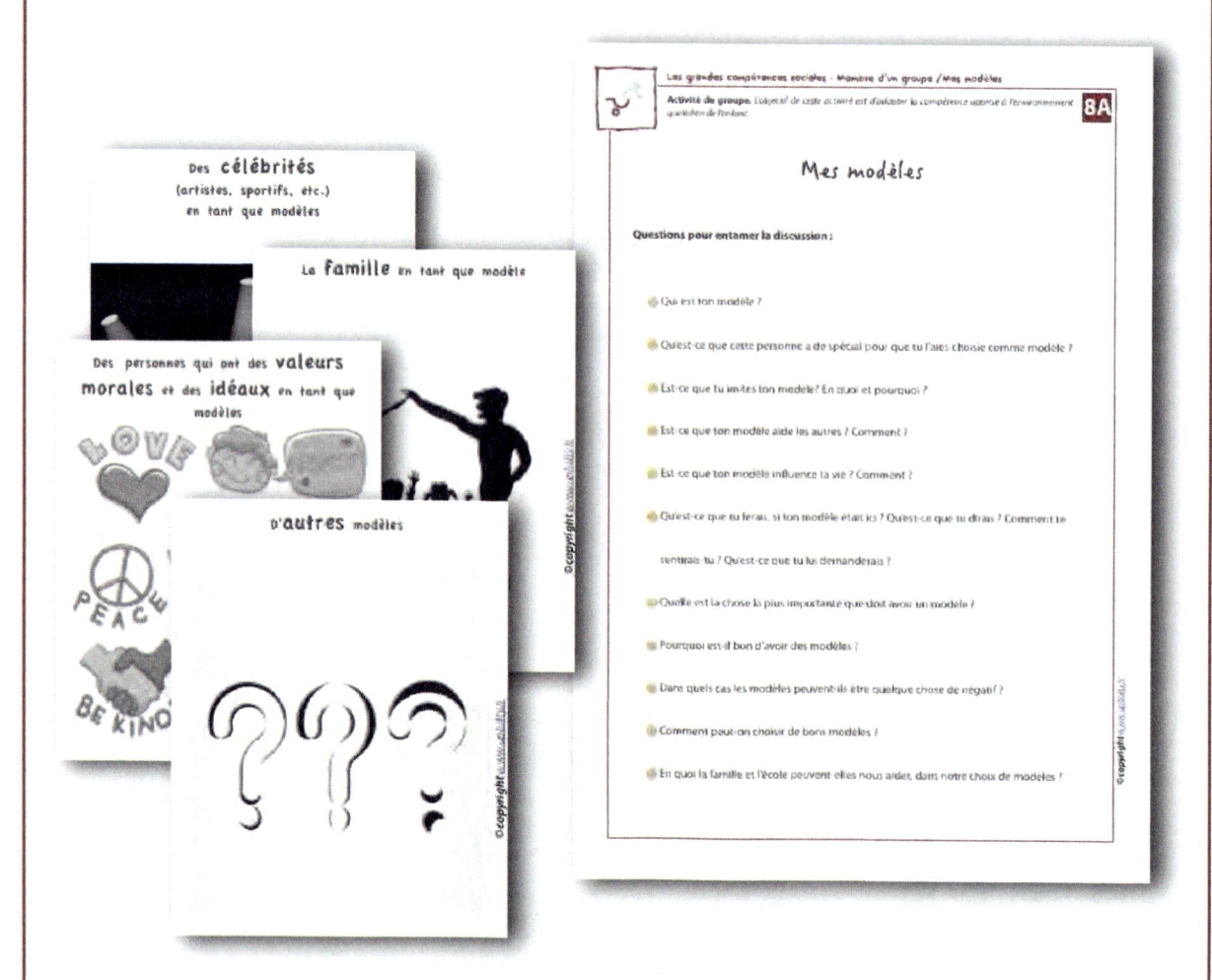

Les grandes compétences sociales · Membre d'un groupe / Mes modèles

Activité de groupe. *L'objectif de cette activité est d'adapter la compétence apprise à l'environnement quotidien de l'enfant.*

8A

Mes modèles

Questions pour entamer la discussion :

- Qui est ton modèle ?

- Qu'est-ce que cette personne a de spécial pour que tu l'aies choisie comme modèle ?

- Est-ce que tu imites ton modèle ? En quoi et pourquoi ?

- Est-ce que ton modèle aide les autres ? Comment ?

- Est-ce que ton modèle influence ta vie ? Comment ?

- Qu'est-ce que tu ferais, si ton modèle était ici ? Qu'est-ce que tu dirais ? Comment te sentirais-tu ? Qu'est-ce que tu lui demanderais ?

- Quelle est la chose la plus importante que doit avoir un modèle ?

- Pourquoi est-il bon d'avoir des modèles ?

- Dans quels cas les modèles peuvent-ils être quelque chose de négatif ?

- Comment peut-on choisir de bons modèles ?

- En quoi la famille et l'école peuvent-elles nous aider, dans notre choix de modèles ?

Les grandes compétences sociales · Membre d'un groupe / Mes modèles

Activité de groupe. Activités.

8B

La **famille** en tant que modèle

Des **célébrités** (artistes, sportifs, etc.) en tant que modèles

Des personnes qui ont des **valeurs morales** et des **idéaux** en tant que modèles

D'**autres** modèles

Les grandes compétences sociales · Membre d'un groupe / Mes modèles

Document destiné aux parents (mise en pratique)

Chers parents,

Nous travaillons pour le moment avec _____ le développement des
(prénom de l'enfant)
compétences sociales.

Les compétences sociales sont utilisées pour communiquer et interagir avec d'autres personnes. Le fait de bien s'intégrer dans un groupe permet d'exercer de nouvelles compétences et d'améliorer son statut social.

Les compétences sociales sont nécessaires pour que chacun se sente bien dans un groupe ou dans une communauté.

Pour aider votre enfant à utiliser ses nouvelles compétences dans des situations de la vie quotidienne, nous avons besoin de votre aide !

_____ a appris à créer des liens en ayant des modèles.
(prénom de l'enfant)

Les étapes de la mise en pratique sont les suivantes :

Mes modèles :

① Mes modèles sont les gens que j'admire vraiment.

② Je peux les admirer pour leurs qualités et pour leurs idées.

③ Je peux les admirer pour la manière dont ils vivent.

④ Je peux vouloir leur ressembler, mais je n'oublie pas que j'ai ma propre personnalité.

Commentaires des parents sur la mise en pratique : _____
_____
_____
_____
_____

Merci beaucoup pour votre collaboration !

Les grandes compétences sociales · Membre d'un groupe / Mes modèles

Récompense à attribuer. La reconnaissance des efforts de l'enfant et de l'amélioration de ses capacités est très importante, parce qu'elle l'encourage à persévérer, à appliquer ce qui a été appris, en renforçant sa confiance et son estime de soi.

Bravo, tu as réussi !

Prénom :

Pour tes efforts, tu as gagné le diplôme
« Mes modèles ».

Je me souviens, je comprends, j'applique :

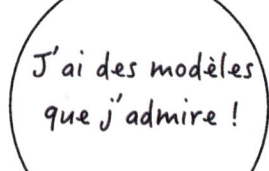

- J'ai des modèles que j'admire !
- J'ai des modèles auxquels je veux ressembler !
- Mais je n'oublie pas que j'ai ma propre personnalité

Les grandes compétences sociales - Membre d'un groupe

9

L'identité du groupe

Les grandes compétences sociales · Membre d'un groupe / L'identité du groupe

Petite histoire : *Le spécialiste lit le scénario à voix haute. Évitez les expressions qui pourraient inquiéter ou stresser l'enfant (intonation et volume de la voix). Le contenu et la manière d'exposer les scénarios doivent être adaptés à son âge et à son niveau de compréhension.*

L'identité du groupe

Chaque groupe se compose de personnes différentes (par leur sexe, leur nationalité, leur contexte social et économique, etc.) ; cependant, tous ces gens ont des intérêts communs. Ce sont ces intérêts communs qui constituent la base de l'identité du groupe.

Chaque groupe a sa manière à lui d'exprimer son identité. Ceci comprend :

- Un nom de groupe

- Une certaine uniformité dans l'apparence (des vêtements ou des accessoires communs, par exemple)

- Un symbole qui représente le groupe
  (ce peut être un geste, un slogan,...)

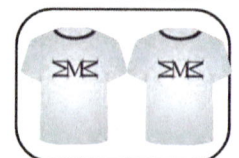

Quand un groupe auquel on appartient a une identité, on se sent bien. Tout comme on peut avoir des sentiments positifs à son propre égard, on peut avoir des sentiments positifs à l'égard de son groupe. On peut par exemple être fier et heureux d'en faire partie.

Les grandes compétences sociales · Membre d'un groupe / L'identité du groupe

Petite histoire : Adaptez le scénario à l'enfant avec qui vous travaillez. Demandez des photographies à la personne responsable de l'enfant et collez-les ci-dessous.

L'identité du groupe

Collez ici une photo des membres d'un groupe dont l'enfant fait partie (équipe de basket, groupe de danse, etc.).

Chaque groupe se compose de personnes différentes (par leur sexe, leur nationalité, leur contexte social et économique, etc.) ; cependant, tous ces gens ont des intérêts communs. Ce sont ces intérêts communs qui constituent la base de l'identité du groupe.

Chaque groupe a sa manière à lui d'exprimer son identité. Ceci comprend :
- Un nom de groupe
- Une certaine uniformité dans l'apparence (des vêtements ou des accessoires communs, par exemple)
- Un symbole qui représente le groupe (ce peut être un geste, un slogan,...)

Quand un groupe auquel on appartient a une identité, on se sent bien. Tout comme on peut avoir des sentiments positifs à son propre égard, on peut avoir des sentiments positifs à l'égard de son groupe. On peut par exemple être fier et heureux d'en faire partie.

Interrogez l'enfant sur l'identité de son groupe et sur la façon dont le groupe exprime son identité. Discutez ensuite de la photo et des réponses de l'enfant.

Les grandes compétences sociales · Membre d'un groupe / L'identité du groupe

Analyse d'une situation sociale via des questions
But : renforcer la cohésion, via le développement de l'identité de groupe ; favoriser l'interaction.

3

Mary fait partie de l'équipe de volley de son école, "les renards". Cette équipe se compose de personnes différentes, mais elle a une identité commune et Mary s'y sent bien. Regarde l'image et réponds aux questions qui suivent.

1. Est-ce que les membres de l'équipe sont des garçons ?
2. Est-ce que ce sont des filles ?
3. Est-ce que les membres de l'équipe sont différents ?
4. Comment le sais-tu, à quoi le vois-tu ?
5. Est-ce que les membres de l'équipe sont contents ?
6. Est-ce qu'ils ont des intérêts communs ?
7. Quels sont ces intérêts communs, à ton avis ? Pourquoi ?
8. Est-ce que cette équipe a une identité ?
9. Comment cette équipe exprime-t-elle son identité (nom, apparence, symbole) ?
10. Pourquoi est-il bon qu'un groupe ait une identité ? Qu'est-ce que cela apporte à ses membres ?
11. Est-ce que tu fais partie d'un groupe ?
12. Ton groupe a-t-il une identité ? De quelle manière l'exprime-t-il ?

Les grandes compétences sociales · Membre d'un groupe / L'identité du groupe

Choix de la meilleure situation sociale. Lisez à l'enfant le scénario tout en lui montrant l'image 1. Montrez-lui les deux versions possibles de la suite (images 2 et 3). Il devra décider laquelle est correcte et laquelle ne l'est pas.

1. **Scénario :** Peter fait partie de l'équipe de basket de son école. Dimanche, il y a un match.
2. Dimanche, Peter portera le maillot de son équipe pour participer au match.
3. Dimanche, Peter veut porter son maillot personnel pour participer au match.

Les grandes compétences sociales · Membre d'un groupe / L'identité du groupe

Résolution d'un problème. Pour résoudre correctement un problème, il faut d'abord le comprendre. Suivez le guide (les étapes d'analyse) ci-dessous, pour apprendre à l'enfant à réagir correctement face au problème.

A. Scénario : Kylian fait partie d'un groupe qui récolte des objets donnés pour les orphelins, qui en ont besoin. Il est heureux d'aider, mais il trouve que son groupe n'a pas vraiment d'identité. Que peut-il faire ?

B. Analyse / étapes :

1. **Identification du problème :** Kylian trouve que le groupe dont il fait partie n'a pas vraiment d'identité.

2. **Recherche d'informations / d'idées :** Il fait partie d'un groupe humanitaire qui aide les enfants orphelins en récoltant et en distribuant des objets comme des livres, des jouets, etc. Est-ce que ce groupe pourrait avoir un nom ?

3. **Choix d'une idée :** Kylian pourrait réfléchir à un nom pour son groupe et en discuter avec les autres.

4. **Élaboration et essai de l'idée :** Kylian propose aux membres de son groupe de se donner un nom.

5. **Évaluation du résultat :** De cette façon, leur groupe aura une identité et Kylian sera fier d'en faire partie !

Les grandes compétences sociales · Membre d'un groupe / L'identité du groupe

Dialogues (petites bandes dessinées). *Ci-dessous se trouvent quatre dialogues. L'enfant doit observer les différents éléments de chaque image et indiquer, pour chacune des situations, si elle est correcte ou non, en écrivant V ou X dans la case.*

— Mon équipe s'appelle "les aigles".
— Vous avez un chouette nom !

— Comment s'appelle ton équipe de foot ?
— Je ne sais pas !

— Le symbole de mon équipe, ce sont trois étoiles !
— Super !

— Mon groupe n'a pas de nom !
— ???

Les grandes compétences sociales · Membre d'un groupe / L'identité du groupe

7

Jeu de rôle. Dans cette activité, l'enfant joue des rôles de personnages fictifs, en inventant des histoires et en déterminant les actions des personnages, les règles et l'intrigue.

Scénario :

1. Aujourd'hui, nous allons jouer au jeu "L'identité du groupe". Nous aurons plusieurs rôles.

2. Commencez à jouer en imitant des membres de différents groupes. Demandez à l'enfant de repérer des éléments de l'identité de chaque groupe.

3. Si possible, représentez les scènes ci-dessous avec un autre adulte.

4. Dans un jeu de rôle, l'enfant et vous pouvez jouer différents membres d'un groupe qui exprime de plusieurs façons son identité (nom, uniformité dans l'apparence, symbole). Ensuite, vous discuterez des raisons pour lesquelles il est important qu'un groupe ait une identité et l'exprime.
   Scénario 1 : Une équipe de football. Comment exprime-t-elle son identité ? (nom, points communs dans l'apparence, symbole).
   Scénario 2 : Une association humanitaire. Comment exprime-t-elle son identité ? (nom, points communs dans l'apparence, symbole).
   Scénario 3 : Un groupe de danse. Comment exprime-t-il son identité ? (nom, points communs dans l'apparence, symbole).
   Scénario 4 : Une chorale. Comment exprime-t-elle son identité ? (nom, points communs dans l'apparence, symbole).
   Scénario 5 : Un groupe d'amateurs d'échecs. Comment exprime-t-il son identité ? (nom, points communs dans l'apparence, symbole).
   Scénario 6 : Une troupe de théâtre. Comment exprime-t-elle son identité ? (nom, points communs dans l'apparence, symbole).
   Scénario 7 : Une équipe de basket. Comment exprime-t-elle son identité ? (nom, points communs dans l'apparence, symbole).
   Scénario 8 : Une équipe de natation synchronisée. Comment exprime-t-elle son identité ? (nom, points communs dans l'apparence, symbole).

5. Modification du scénario. À ce stade, vous pouvez modifier les scénarios ou les étoffer.

* Photos / étiquettes à utiliser pour aider les enfants qui en ont besoin.

| Mon groupe a un nom. | Mon groupe a une uniformité dans son apparence. | Mon groupe a un symbole. |

Les grandes compétences sociales · Membre d'un groupe / L'identité du groupe

Activité de groupe. *L'objectif de cette activité est d'adapter la compétence apprise à l'environnement quotidien de l'enfant.*

Activité de groupe

Instructions :

Répartissez les enfants en groupes de trois ou quatre et donnez-leur la fiche 8A. Choisissez un secrétaire par équipe. Exposez ensuite à chacune d'elles l'un des scénarios du document 8B et prévoyez un quart d'heure pour que les enfants échangent leurs idées, dont doit prendre note le secrétaire. Le groupe essaie de trouver des moyens d'exprimer son identité.
Après, chaque secrétaire lit ou dit les idées de son équipe. Cette dernière peut intervenir pour illustrer ses propos, si elle a décidé d'utiliser des gestes ou des paroles pour exprimer son identité.

Par exemple, une équipe de football a très certainement un nom et un point commun au niveau de l'apparence (le même maillot pour tous les joueurs), mais elle peut aussi avoir un symbole tel qu'un geste ou un slogan.

Discutez ensuite du scénario et des idées que les enfants ont échangées.
Le but de l'activité est l'interaction et le renforcement de la cohésion, via le développement de l'identité de groupe.

Bon amusement !

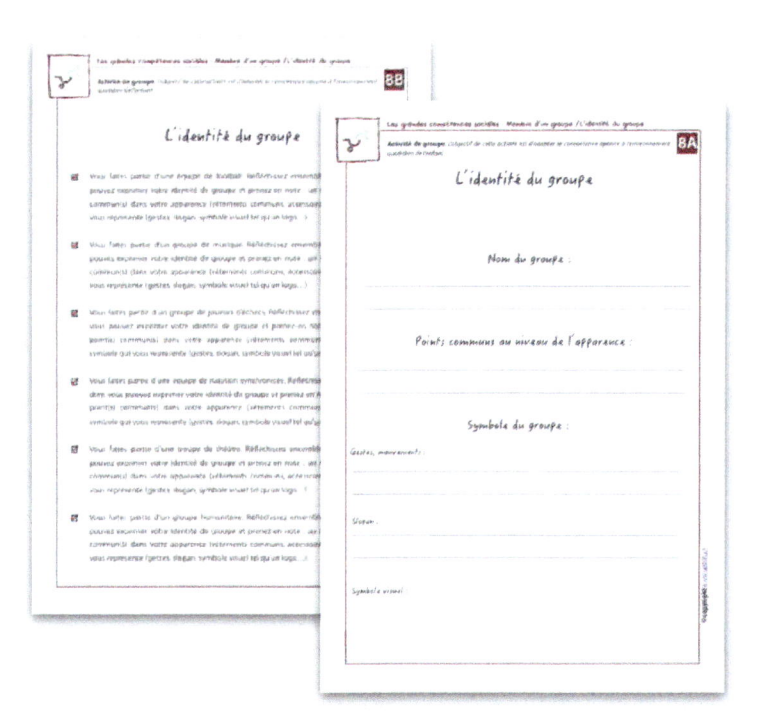

Les grandes compétences sociales · Membre d'un groupe / L'identité du groupe

Activité de groupe. *L'objectif de cette activité est d'adapter la compétence apprise à l'environnement quotidien de l'enfant.*

L'identité du groupe

Nom du groupe :

_____

_____

Points communs au niveau de l'apparence :

_____

_____

Symbole du groupe :

Gestes, mouvements :

_____

_____

Slogan :

_____

_____

Symbole visuel :

Les grandes compétences sociales · Membre d'un groupe / L'identité du groupe

Activité de groupe. *L'objectif de cette activité est d'adapter la compétence apprise à l'environnement quotidien de l'enfant.*

L'identité du groupe

- ☑ Vous faites partie d'une équipe de football. Réfléchissez ensemble aux façons dont vous pouvez exprimer votre identité de groupe et prenez-en note : un nom, un ou des point(s) commun(s) dans votre apparence (vêtements communs, accessoires, etc.), un symbole qui vous représente (gestes, slogan, symbole visuel tel qu'un logo…).

- ☑ Vous faites partie d'un groupe de musique. Réfléchissez ensemble aux façons dont vous pouvez exprimer votre identité de groupe et prenez-en note : un nom, un ou des point(s) commun(s) dans votre apparence (vêtements communs, accessoires, etc.), un symbole qui vous représente (gestes, slogan, symbole visuel tel qu'un logo…).

- ☑ Vous faites partie d'un groupe de joueurs d'échecs. Réfléchissez ensemble aux façons dont vous pouvez exprimer votre identité de groupe et prenez-en note : un nom, un ou des point(s) commun(s) dans votre apparence (vêtements communs, accessoires, etc.), un symbole qui vous représente (gestes, slogan, symbole visuel tel qu'un logo…).

- ☑ Vous faites partie d'une équipe de natation synchronisée. Réfléchissez ensemble aux façons dont vous pouvez exprimer votre identité de groupe et prenez-en note : un nom, un ou des point(s) commun(s) dans votre apparence (vêtements communs, accessoires, etc.), un symbole qui vous représente (gestes, slogan, symbole visuel tel qu'un logo…).

- ☑ Vous faites partie d'une troupe de théâtre. Réfléchissez ensemble aux façons dont vous pouvez exprimer votre identité de groupe et prenez-en note : un nom, un ou des point(s) commun(s) dans votre apparence (vêtements communs, accessoires, etc.), un symbole qui vous représente (gestes, slogan, symbole visuel tel qu'un logo…).

- ☑ Vous faites partie d'un groupe humanitaire. Réfléchissez ensemble aux façons dont vous pouvez exprimer votre identité de groupe et prenez-en note : un nom, un ou des point(s) commun(s) dans votre apparence (vêtements communs, accessoires, etc.), un symbole qui vous représente (gestes, slogan, symbole visuel tel qu'un logo…).

Les grandes compétences sociales · Membre d'un groupe / L'identité du groupe

Document destiné aux parents (mise en pratique)

Chers parents,

Nous travaillons pour le moment avec _____ le développement des
(prénom de l'enfant)
compétences sociales.

Les compétences sociales sont utilisées pour communiquer et interagir avec d'autres personnes. Le fait de bien s'intégrer dans un groupe permet d'exercer de nouvelles compétences et d'améliorer son statut social.

Les compétences sociales sont nécessaires pour que chacun se sente bien dans un groupe ou dans une communauté.

Pour aider votre enfant à utiliser ses nouvelles compétences dans des situations de la vie quotidienne, nous avons besoin de votre aide !

_____ a appris à créer des liens et à exprimer l'identité d'un groupe.
(prénom de l'enfant)

Les étapes de la mise en pratique sont les suivantes :

Chaque groupe a une identité, qu'il exprime de différentes manières. Celles-ci peuvent être :

① Un nom de groupe,

② Une certaine uniformité dans l'apparence (vêtements/accessoires communs, etc.),

③ Un symbole qui représente le groupe (geste, slogan, logo…).

④ Quand un groupe a une identité, je me sens fier.e d'en faire partie.

Commentaires des parents sur la mise en pratique : _____
_____
_____
_____

Merci beaucoup pour votre collaboration !

Les grandes compétences sociales · Membre d'un groupe / L'identité du groupe

Récompense à attribuer. La reconnaissance des efforts de l'enfant et de l'amélioration de ses capacités est très importante, parce qu'elle l'encourage à persévérer, à appliquer ce qui a été appris, en renforçant sa confiance et son estime de soi.

Bravo, tu as réussi !

#1

Prénom :

Pour tes efforts, tu as gagné le diplôme « L'identité du groupe ».

Je me souviens, je comprends, j'applique :

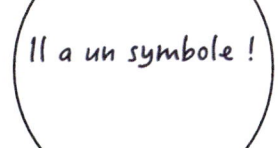

- Mon groupe a un nom !
- Il a un symbole !
- Il a une identité !

Les grandes compétences sociales · Membre d'un groupe

10

De vrais amis

Les grandes compétences sociales - Membre d'un groupe /De vrais amis

Petite histoire : *Le spécialiste lit le scénario à voix haute. Évitez les expressions qui pourraient inquiéter ou stresser l'enfant (intonation et volume de la voix). Le contenu et la manière d'exposer les scénarios doivent être adaptés à son âge et à son niveau de compréhension.*

De vrais amis

Parfois, on veut vraiment faire partie d'un groupe populaire et on ferait tout pour y arriver. Cependant, souvent, on se rend compte que ce groupe ne nous plaît pas ou que l'on ne s'entend pas avec les gens qui le composent. Le fait d'être simplement membre d'un groupe en particulier ne nous rend pas heureux.

Avons-nous des amis qui s'intéressent vraiment à nous ? Qui se comportent bien envers nous ?

Les vrais amis :

- écoutent vraiment,

- font des commentaires positifs et nous encouragent,

- nous soutiennent dans les difficultés,

- sont heureux quand nous sommes heureux,

- nous acceptent,

- s'intéressent vraiment à nous,

- nous pardonnent.

Quand on a de vrais amis, peu importe que le groupe auquel on appartient soit populaire ou non.

Les grandes compétences sociales - Membre d'un groupe /De vrais amis

Petite histoire : Adaptez le scénario à l'enfant avec qui vous travaillez. Demandez des photographies à la personne responsable de l'enfant et collez-les ci-dessous.

De vrais amis

Collez ici une photo d'un bon/véritable ami de l'enfant.

Parfois, on veut vraiment faire partie d'un groupe populaire et on ferait tout pour y arriver. Cependant, souvent, on se rend compte que ce groupe ne nous plaît pas ou que l'on ne s'entend pas avec les gens qui le composent. Le fait d'être simplement membre d'un groupe en particulier ne nous rend pas heureux.
Avons-nous des amis qui s'intéressent vraiment à nous ? Qui se comportent bien envers nous ?
Les vrais amis :
- ★ écoutent vraiment,
- ★ font des commentaires positifs et nous encouragent,
- ★ nous soutiennent dans les difficultés,
- ★ sont heureux quand nous sommes heureux,
- ★ nous acceptent,
- ★ s'intéressent vraiment à nous,
- ★ nous pardonnent.

Quand on a de vrais amis, peu importe que le groupe auquel on appartient soit populaire ou non.

Demandez à l'enfant s'il a de vrais amis et ce qu'il ressent. Discutez ensuite de la photo et des réponses de l'enfant.

Les grandes compétences sociales · Membre d'un groupe /De vrais amis

Analyse d'une situation sociale via des questions
But : renforcer la cohésion, via le développement d'une véritable amitié. Interaction sociale.

3

Fanny et Anna sont de vraies amies. Elles s'inquiètent l'une pour l'autre, s'amusent bien ensemble et se soutiennent l'une l'autre. Regarde l'image et réponds aux questions qui suivent.

1. Est-ce que les enfants sont des garçons ?
2. Est-ce que les enfants sont des filles ?
3. Combien d'enfants y a-t-il ?
4. Est-ce que les enfants sont contents ?
5. Est-ce que les filles sont de vraies amies ?
6. Pourquoi ? Comment le sais-tu ?
7. Est-il bon d'avoir de vrais amis ?
8. Que signifie, pour toi, "de vrais amis" ?
9. Est-ce que tu as de vrais amis ?
10. Comment tu te sens, par rapport à cela ?
11. Que fait un véritable ami ?
12. Quand on a de vrais amis, est-ce qu'il est important d'appartenir à un groupe populaire ?

Les grandes compétences sociales · Membre d'un groupe / De vrais amis

Choix de la meilleure situation sociale. Lisez à l'enfant le scénario tout en lui montrant l'image 1. Montrez-lui les deux versions possibles de la suite (images 2 et 3). Il devra décider laquelle est correcte et laquelle ne l'est pas.

4

1. **Scénario :** Mary fait partie d'un groupe, mais elle n'est pas heureuse, parce qu'elle n'a pas l'impression d'être vraiment amie avec les autres et que personne ne tient vraiment compte d'elle.
2. Puisqu'elle n'est pas heureuse, elle va quitter le groupe et chercher de vrais amis ailleurs.
3. Le groupe dont elle fait partie est populaire dans l'école. Tant pis si Mary n'a pas d'amis, tant qu'elle fait partie de ce groupe!

Les grandes compétences sociales · Membre d'un groupe / De vrais amis

Résolution d'un problème. *Pour résoudre correctement un problème, il faut d'abord le comprendre. Suivez le guide (les étapes d'analyse) ci-dessous, pour apprendre à l'enfant à réagir correctement face au problème.*

5

A. Scénario : Salima et Hélène sont de vraies amies. Elles s'entendent bien et elles s'entraident. Malheureusement, la famille d'Hélène va déménager dans une autre ville. Salima en est très triste. Que peut-elle faire ?

B. Analyse / étapes :

1. **Identification du problème :** Salima et Hélène sont de vraies amies, mais Hélène va déménager.
2. **Recherche d'informations / d'idées :** Salima est très triste car elle va perdre son amie.
3. **Choix d'une idée :** Que peut faire Salima pour aller mieux ?
4. **Élaboration et essai de l'idée :** Salima et Hélène peuvent se retrouver pendant les vacances ou certains week-ends.
5. **Évaluation du résultat :** De cette façon, elles ne perdront pas le contact. Cela permettra à Salima de se sentir mieux.

Les grandes compétences sociales · Membre d'un groupe / De vrais amis

Dialogues (petites bandes dessinées). *Ci-dessous se trouvent quatre dialogues. L'enfant doit observer les différents éléments de chaque image et indiquer, pour chacune des situations, si elle est correcte ou non, en écrivant V ou X dans la case.*

6

- Tu ne m'as pas invitée à ta fête...
- Ah oui, j'ai oublié !

- Je n'arrive pas à faire cet exercice.
- Je vais t'aider !

- Tes vêtements sont horribles !
- ???

- J'adore jouer avec toi !
- Moi aussi !

Les grandes compétences sociales - Membre d'un groupe / De vrais amis

Jeu de rôle. Dans cette activité, l'enfant joue des rôles de personnages fictifs, en inventant des histoires et en déterminant les actions des personnages, les règles et l'intrigue.

7

Scénario :

1. Aujourd'hui, nous allons jouer au jeu "De vrais amis". Nous aurons plusieurs rôles.

2. Commencez à jouer en imitant différents personnages qui sont de vrais amis. Invitez l'enfant à repérer des éléments qui caractérisent la varitable amitié.

3. Si possible, représentez les scènes ci-dessous avec un autre adulte.

4. Dans un jeu de rôle, l'enfant et vous pouvez jouer différents personnages qui sont de vrais amis. Ensuite, vous discuterez des raisons pour lesquelles il est important d'être un.e vrai.e ami.e et d'avoir de vrais amis.
   Scénario 1 : Marie dit que je suis sa meilleure amie mais, quand il y a d'autres personnes avec nous, elle m'ignore. Elle ne fait attention à moi que si nous sommes seules. Que puis-je faire ?
   Scénario 2 : Khalil est mon ami depuis l'école maternelle. En CP, je me suis fait de nouveaux amis, mais ils n'apprécient pas Khalil et, quand nous sommes tous ensemble, ils ne sont pas gentils avec lui. Que puis-je faire ?
   Scénario 3 : Gregory est mon meilleur ami mais, ces derniers temps, il m'évite. Nous ne nous voyons pas souvent et cela m'attriste. Que puis-je faire ?
   Scénario 4 : Daphné est ma meilleure amie. Je lui ai raconté un secret et le jour suivant, tous les enfants de l'école le savaient. Cela m'a rendu.e triste. Que puis-je faire ?
   Scénario 5 : Vendredi, je ne suis pas allé.e à l'école parce que j'étais malade. Vicky, ma meilleure amie, est venue me voir et m'a apporté tous les exercices à faire.
   Scénario 6 : Je déteste la natation mais William, mon meilleur ami, me demande qu'on s'inscrive à la piscine. Que puis-je faire ?

5. Modification du scénario. À ce stade, vous pouvez modifier les scénarios ou les étoffer.

* Photos / étiquettes à utiliser pour aider les enfants qui en ont besoin.

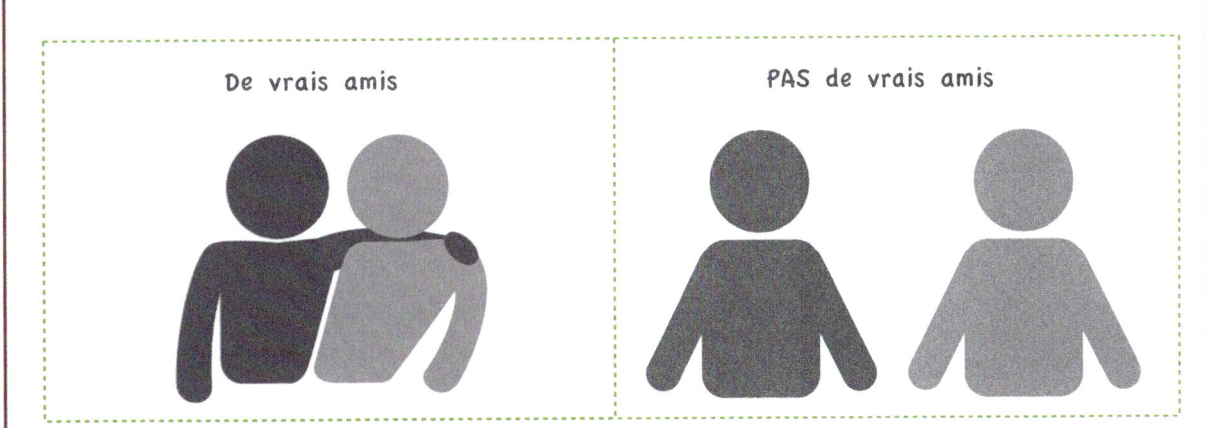

De vrais amis	PAS de vrais amis

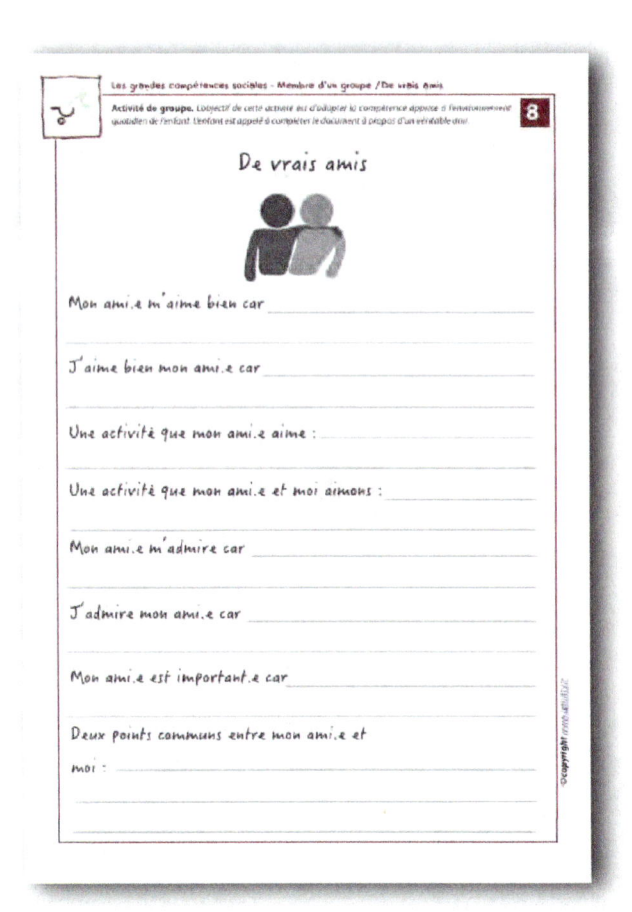

Les grandes compétences sociales · Membre d'un groupe / De vrais amis

Activité de groupe. *L'objectif de cette activité est d'adapter la compétence apprise à l'environnement quotidien de l'enfant.*

8

Activité de groupe

Instructions :

Les enfants sont assis en cercle. Donnez-leur la fiche 8 qui suit. Discutez ensemble des vrais amis, puis demandez-leur de compléter le document. Lorsque c'est fait, chaque enfant peut partager ce qu'il a écrit avec le groupe.

Vous pouvez ensuite parler de la véritable amitié.

Bon amusement !

Les grandes compétences sociales · Membre d'un groupe /De vrais amis

Activité de groupe. *L'objectif de cette activité est d'adapter la compétence apprise à l'environnement quotidien de l'enfant. L'enfant est appelé à compléter le document à propos d'un véritable ami.*

De vrais amis

Mon ami.e m'aime bien car _____

_____

J'aime bien mon ami.e car _____

_____

Une activité que mon ami.e aime : _____

_____

Une activité que mon ami.e et moi aimons : _____

_____

Mon ami.e m'admire car _____

_____

J'admire mon ami.e car _____

_____

Mon ami.e est important.e car _____

_____

Deux points communs entre mon ami.e et

moi : _____

_____

_____

Les grandes compétences sociales · Membre d'un groupe /De vrais amis

Document destiné aux parents (mise en pratique)

9

Chers parents,

Nous travaillons pour le moment avec _____ le développement des
(prénom de l'enfant)
compétences sociales.

Les compétences sociales sont utilisées pour communiquer et interagir avec d'autres personnes. Le fait de bien s'intégrer dans un groupe permet d'exercer de nouvelles compétences et d'améliorer son statut social.

Les compétences sociales sont nécessaires pour que chacun se sente bien dans un groupe ou dans une communauté.

Pour aider votre enfant à utiliser ses nouvelles compétences dans des situations de la vie quotidienne, nous avons besoin de votre aide !

_____ a appris à créer des liens et plus spécifiquement, à reconnaître
(prénom de l'enfant)
l'importance d'une véritable amitié.

Les étapes de la mise en pratique sont les suivantes :

Les vrais amis :

① écoutent vraiment, font des commentaires positifs et nous encouragent,

② nous soutiennent dans les difficultés, sont heureux quand nous sommes heureux,

③ nous acceptent, s'intéressent vraiment à nous,

④ nous pardonnent.

Commentaires des parents sur la mise en pratique : _____
_____
_____
_____
_____

Merci beaucoup pour votre collaboration !

Les grandes compétences sociales · Membre d'un groupe / De vrais amis

Récompense à attribuer. La reconnaissance des efforts de l'enfant et de l'amélioration de ses capacités est très importante, parce qu'elle l'encourage à persévérer, à appliquer ce qui a été appris, en renforçant sa confiance et son estime de soi.

Bravo, tu as réussi !

#1

Prénom :

Pour tes efforts, tu as gagné le diplôme « De vrais amis ».

Je me souviens, je comprends, j'applique :

- J'écoute / Je fais attention
- J'encourage / Je soutiens
- Je pardonne / J'accepte

Annexe :

Fiches illustrées

La dernière partie de ce livre comprend cent fiches illustrées, pour un meilleur entraînement à la compréhension et à l'utilisation des compétences sociales de base (Membre d'un groupe). Les activités sont classées comme suit :

1. Je fais connaissance avec les membres d'un nouveau groupe
2. Je pose des questions
3. Je partage
4. Je coopère
5. Je respecte les règles
6. Nous prenons des décisions communes
7. J'accepte la différence
8. Mes modèles
9. L'identité du groupe
10. De vrais amis

© **copyright** www.upbility.fr

1

Les grandes compétences sociales

Je fais connaissance avec les membres d'un nouveau groupe

Les grandes compétences sociales - Je fais connaissance avec les membres d'un nouveau groupe

Commencez par poser les questions suivantes à l'enfant. Quand il y aura répondu, échangez vos idées. Organisez ces dernières dans une représentation graphique : dressez un tableau en deux colonnes, dans lesquelles vous indiquerez les indices visuels de la compétence (colonne de gauche) et ses indices oraux (colonne de droite).

1. Un nouveau membre est arrivé dans ce groupe. Comment se sent-il, à ton avis ?
2. Comment peut-il faire connaissance avec les autres membres du groupe ?

On voit (aspect visuel) : *Je m'approche des membres du groupe.*

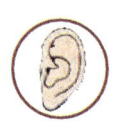

On entend (aspect oral) : *J'apprends leurs centres d'intérêt.*
Je dis quelque chose qui peut les intéresser (sur l'école, sur leurs loisirs, etc.).

Les grandes compétences sociales - Je fais connaissance avec les membres d'un nouveau groupe

Commencez par poser les questions suivantes à l'enfant. Quand il y aura répondu, échangez vos idées. Organisez ces dernières dans une représentation graphique : dressez un tableau en deux colonnes, dans lesquelles vous indiquerez les indices visuels de la compétence (colonne de gauche) et ses indices oraux (colonne de droite).

1. Un nouveau membre est arrivé dans ce groupe. Comment se sent-il, à ton avis ?
2. Comment peut-il faire connaissance avec les autres membres du groupe ?

On voit (aspect visuel) : *Je m'approche des membres du groupe.*

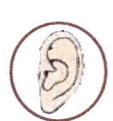

On entend (aspect oral) : *J'apprends leurs centres d'intérêt.*
Je dis quelque chose qui peut les intéresser (sur l'école, sur leurs loisirs, etc.).

Les grandes compétences sociales - Je fais connaissance avec les membres d'un nouveau groupe

Commencez par poser les questions suivantes à l'enfant. Quand il y aura répondu, échangez vos idées. Organisez ces dernières dans une représentation graphique : dressez un tableau en deux colonnes, dans lesquelles vous indiquerez les indices visuels de la compétence (colonne de gauche) et ses indices oraux (colonne de droite).

1. Un nouveau membre est arrivé dans ce groupe. Comment se sent-il, à ton avis ?
2. Comment peut-il faire connaissance avec les autres membres du groupe ?

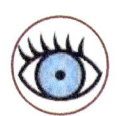

On voit (aspect visuel) : *Je m'approche des membres du groupe.*

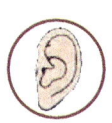

On entend (aspect oral) : *J'apprends leurs centres d'intérêt.*
Je dis quelque chose qui peut les intéresser (sur l'école, sur leurs loisirs, etc.).

© *copyright* www.upbility.fr

Les grandes compétences sociales - Je fais connaissance avec les membres d'un nouveau groupe

Commencez par poser les questions suivantes à l'enfant. Quand il y aura répondu, échangez vos idées. Organisez ces dernières dans une représentation graphique : dressez un tableau en deux colonnes, dans lesquelles vous indiquerez les indices visuels de la compétence (colonne de gauche) et ses indices oraux (colonne de droite).

1. Un nouveau membre est arrivé dans ce groupe. Comment se sent-il, à ton avis ?
2. Comment peut-il faire connaissance avec les autres membres du groupe ?

On voit (aspect visuel) : *Je m'approche des membres du groupe.*

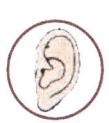

On entend (aspect oral) : *J'apprends leurs centres d'intérêt.*
Je dis quelque chose qui peut les intéresser (sur l'école, sur leurs loisirs, etc.).

© *copyright* www.upbility.fr

Les grandes compétences sociales - Je fais connaissance avec les membres d'un nouveau groupe

Commencez par poser les questions suivantes à l'enfant. Quand il y aura répondu, échangez vos idées. Organisez ces dernières dans une représentation graphique : dressez un tableau en deux colonnes, dans lesquelles vous indiquerez les indices visuels de la compétence (colonne de gauche) et ses indices oraux (colonne de droite).

1. Un nouveau membre est arrivé dans ce groupe. Comment se sent-il, à ton avis ?
2. Comment peut-il faire connaissance avec les autres membres du groupe ?

On voit (aspect visuel) : *Je m'approche des membres du groupe.*

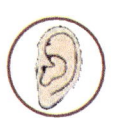

On entend (aspect oral) : *J'apprends leurs centres d'intérêt.*

Je dis quelque chose qui peut les intéresser (sur l'école, sur leurs loisirs, etc.).

© *copyright* www.upbility.fr

Les grandes compétences sociales - Je fais connaissance avec les membres d'un nouveau groupe

Commencez par poser les questions suivantes à l'enfant. Quand il y aura répondu, échangez vos idées. Organisez ces dernières dans une représentation graphique : dressez un tableau en deux colonnes, dans lesquelles vous indiquerez les indices visuels de la compétence (colonne de gauche) et ses indices oraux (colonne de droite).

1. Un nouveau membre est arrivé dans ce groupe. Comment se sent-il, à ton avis ?
2. Comment peut-il faire connaissance avec les autres membres du groupe ?

On voit (aspect visuel) : *Je m'approche des membres du groupe.*

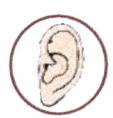

On entend (aspect oral) : *J'apprends leurs centres d'intérêt.*
Je dis quelque chose qui peut les intéresser (sur l'école, sur leurs loisirs, etc.).

© copyright www.upbility.fr

Les grandes compétences sociales - Je fais connaissance avec les membres d'un nouveau groupe

Commencez par poser les questions suivantes à l'enfant. Quand il y aura répondu, échangez vos idées. Organisez ces dernières dans une représentation graphique : dressez un tableau en deux colonnes, dans lesquelles vous indiquerez les indices visuels de la compétence (colonne de gauche) et ses indices oraux (colonne de droite).

1. Un nouveau membre est arrivé dans ce groupe. Comment se sent-il, à ton avis ?
2. Comment peut-il faire connaissance avec les autres membres du groupe ?

On voit (aspect visuel) : *Je m'approche des membres du groupe.*

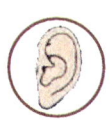

On entend (aspect oral) : *J'apprends leurs centres d'intérêt.*
Je dis quelque chose qui peut les intéresser (sur l'école, sur leurs loisirs, etc.).

Les grandes compétences sociales - Je fais connaissance avec les membres d'un nouveau groupe

Commencez par poser les questions suivantes à l'enfant. Quand il y aura répondu, échangez vos idées. Organisez ces dernières dans une représentation graphique : dressez un tableau en deux colonnes, dans lesquelles vous indiquerez les indices visuels de la compétence (colonne de gauche) et ses indices oraux (colonne de droite).

1. Un nouveau membre est arrivé dans ce groupe. Comment se sent-il, à ton avis ?

2. Comment peut-il faire connaissance avec les autres membres du groupe ?

On voit (aspect visuel) : *Je m'approche des membres du groupe.*

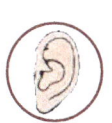

On entend (aspect oral) : *J'apprends leurs centres d'intérêt.*

Je dis quelque chose qui peut les intéresser (sur l'école, sur leurs loisirs, etc.).

Les grandes compétences sociales - Je fais connaissance avec les membres d'un nouveau groupe

Commencez par poser les questions suivantes à l'enfant. Quand il y aura répondu, échangez vos idées. Organisez ces dernières dans une représentation graphique : dressez un tableau en deux colonnes, dans lesquelles vous indiquerez les indices visuels de la compétence (colonne de gauche) et ses indices oraux (colonne de droite).

1. Un nouveau membre est arrivé dans ce groupe. Comment se sent-il, à ton avis ?
2. Comment peut-il faire connaissance avec les autres membres du groupe ?

On voit (aspect visuel) : *Je m'approche des membres du groupe.*

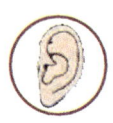

On entend (aspect oral) : *J'apprends leurs centres d'intérêt.*
Je dis quelque chose qui peut les intéresser (sur l'école, sur leurs loisirs, etc.).

© **copyright** www.upbility.fr

Les grandes compétences sociales - Je fais connaissance avec les membres d'un nouveau groupe

Commencez par poser les questions suivantes à l'enfant. Quand il y aura répondu, échangez vos idées. Organisez ces dernières dans une représentation graphique : dressez un tableau en deux colonnes, dans lesquelles vous indiquerez les indices visuels de la compétence (colonne de gauche) et ses indices oraux (colonne de droite).

1. Un nouveau membre est arrivé dans ce groupe. Comment se sent-il, à ton avis ?

2. Comment peut-il faire connaissance avec les autres membres du groupe ?

On voit (aspect visuel) : *Je m'approche des membres du groupe.*

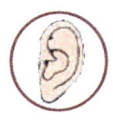

On entend (aspect oral) : *J'apprends leurs centres d'intérêt.*
Je dis quelque chose qui peut les intéresser (sur l'école, sur leurs loisirs, etc.).

Les grandes compétences sociales

Je pose des questions

Les grandes compétences sociales - Je pose des questions

Commencez par poser les questions suivantes à l'enfant. Quand il y aura répondu, échangez vos idées. Organisez ces dernières dans une représentation graphique : dressez un tableau en deux colonnes, dans lesquelles vous indiquerez les indices visuels de la compétence (colonne de gauche) et ses indices oraux (colonne de droite).

1. Les personnes de la photo ont-elles des questions ?
2. Pourquoi ? Comment le sais-tu ? Quelles questions pourraient-elles poser ?

On voit (aspect visuel) : *Je regarde mon interlocuteur ; je suis calme, j'écoute attentivement et je réfléchis à ce que j'entends.*

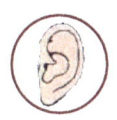

On entend (aspect oral) : *Je pose des questions par rapport à ce que j'ai entendu. J'écoute attentivement la réponse. Je poursuis la conversation.*

Les grandes compétences sociales - Je pose des questions

Commencez par poser les questions suivantes à l'enfant. Quand il y aura répondu, échangez vos idées. Organisez ces dernières dans une représentation graphique : dressez un tableau en deux colonnes, dans lesquelles vous indiquerez les indices visuels de la compétence (colonne de gauche) et ses indices oraux (colonne de droite).

1. Les personnes de la photo ont-elles des questions ?
2. Pourquoi ? Comment le sais-tu ? Quelles questions pourraient-elles poser ?

On voit (aspect visuel) : *Je regarde mon interlocuteur ; je suis calme, j'écoute attentivement et je réfléchis à ce que j'entends.*

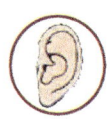

On entend (aspect oral) : *Je pose des questions par rapport à ce que j'ai entendu. J'écoute attentivement la réponse. Je poursuis la conversation.*

© *copyright* www.upbility.fr

Les grandes compétences sociales - Je pose des questions

Commencez par poser les questions suivantes à l'enfant. Quand il y aura répondu, échangez vos idées. Organisez ces dernières dans une représentation graphique : dressez un tableau en deux colonnes, dans lesquelles vous indiquerez les indices visuels de la compétence (colonne de gauche) et ses indices oraux (colonne de droite).

1. Les personnes de la photo ont-elles des questions ?

2. Pourquoi ? Comment le sais-tu ? Quelles questions pourraient-elles poser ?

On voit (aspect visuel) : *Je regarde mon interlocuteur ; je suis calme, j'écoute attentivement et je réfléchis à ce que j'entends.*

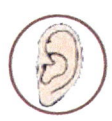

On entend (aspect oral) : *Je pose des questions par rapport à ce que j'ai entendu. J'écoute attentivement la réponse. Je poursuis la conversation.*

Les grandes compétences sociales - Je pose des questions

Commencez par poser les questions suivantes à l'enfant. Quand il y aura répondu, échangez vos idées. Organisez ces dernières dans une représentation graphique : dressez un tableau en deux colonnes, dans lesquelles vous indiquerez les indices visuels de la compétence (colonne de gauche) et ses indices oraux (colonne de droite).

1. Les personnes de la photo ont-elles des questions ?
2. Pourquoi ? Comment le sais-tu ? Quelles questions pourraient-elles poser ?

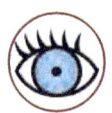

On voit (aspect visuel) : *Je regarde mon interlocuteur ; je suis calme, j'écoute attentivement et je réfléchis à ce que j'entends.*

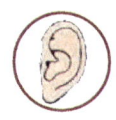

On entend (aspect oral) : *Je pose des questions par rapport à ce que j'ai entendu. J'écoute attentivement la réponse. Je poursuis la conversation.*

© *copyright* www.upbility.fr

Les grandes compétences sociales - Je pose des questions

Commencez par poser les questions suivantes à l'enfant. Quand il y aura répondu, échangez vos idées. Organisez ces dernières dans une représentation graphique : dressez un tableau en deux colonnes, dans lesquelles vous indiquerez les indices visuels de la compétence (colonne de gauche) et ses indices oraux (colonne de droite).

1. Les personnes de la photo ont-elles des questions ?
2. Pourquoi ? Comment le sais-tu ? Quelles questions pourraient-elles poser ?

On voit (aspect visuel) : *Je regarde mon interlocuteur ; je suis calme, j'écoute attentivement et je réfléchis à ce que j'entends.*

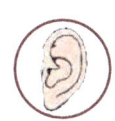

On entend (aspect oral) : *Je pose des questions par rapport à ce que j'ai entendu. J'écoute attentivement la réponse. Je poursuis la conversation.*

Les grandes compétences sociales - Je pose des questions

Commencez par poser les questions suivantes à l'enfant. Quand il y aura répondu, échangez vos idées. Organisez ces dernières dans une représentation graphique : dressez un tableau en deux colonnes, dans lesquelles vous indiquerez les indices visuels de la compétence (colonne de gauche) et ses indices oraux (colonne de droite).

1. Les personnes de la photo ont-elles des questions ?
2. Pourquoi ? Comment le sais-tu ? Quelles questions pourraient-elles poser ?

On voit (aspect visuel) : *Je regarde mon interlocuteur ; je suis calme, j'écoute attentivement et je réfléchis à ce que j'entends.*

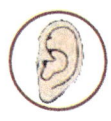

On entend (aspect oral) : *Je pose des questions par rapport à ce que j'ai entendu. J'écoute attentivement la réponse. Je poursuis la conversation.*

Les grandes compétences sociales - Je pose des questions

Commencez par poser les questions suivantes à l'enfant. Quand il y aura répondu, échangez vos idées. Organisez ces dernières dans une représentation graphique : dressez un tableau en deux colonnes, dans lesquelles vous indiquerez les indices visuels de la compétence (colonne de gauche) et ses indices oraux (colonne de droite).

1. Les personnes de la photo ont-elles des questions ?
2. Pourquoi ? Comment le sais-tu ? Quelles questions pourraient-elles poser ?

On voit (aspect visuel) : *Je regarde mon interlocuteur ; je suis calme, j'écoute attentivement et je réfléchis à ce que j'entends.*

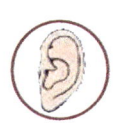

On entend (aspect oral) : *Je pose des questions par rapport à ce que j'ai entendu. J'écoute attentivement la réponse. Je poursuis la conversation.*

© *copyright* www.upbility.fr

Les grandes compétences sociales - Je pose des questions

Commencez par poser les questions suivantes à l'enfant. Quand il y aura répondu, échangez vos idées. Organisez ces dernières dans une représentation graphique : dressez un tableau en deux colonnes, dans lesquelles vous indiquerez les indices visuels de la compétence (colonne de gauche) et ses indices oraux (colonne de droite).

1. Les personnes de la photo ont-elles des questions ?
2. Pourquoi ? Comment le sais-tu ? Quelles questions pourraient-elles poser ?

On voit (aspect visuel) : *Je regarde mon interlocuteur ; je suis calme, j'écoute attentivement et je réfléchis à ce que j'entends.*

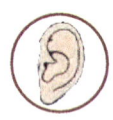

On entend (aspect oral) : *Je pose des questions par rapport à ce que j'ai entendu. J'écoute attentivement la réponse. Je poursuis la conversation.*

Les grandes compétences sociales - Je pose des questions

Commencez par poser les questions suivantes à l'enfant. Quand il y aura répondu, échangez vos idées. Organisez ces dernières dans une représentation graphique : dressez un tableau en deux colonnes, dans lesquelles vous indiquerez les indices visuels de la compétence (colonne de gauche) et ses indices oraux (colonne de droite).

1. Les personnes de la photo ont-elles des questions ?
2. Pourquoi ? Comment le sais-tu ? Quelles questions pourraient-elles poser ?

On voit (aspect visuel) : *Je regarde mon interlocuteur ; je suis calme, j'écoute attentivement et je réfléchis à ce que j'entends.*

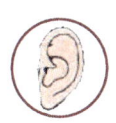

On entend (aspect oral) : *Je pose des questions par rapport à ce que j'ai entendu. J'écoute attentivement la réponse. Je poursuis la conversation.*

Les grandes compétences sociales - Je pose des questions

Commencez par poser les questions suivantes à l'enfant. Quand il y aura répondu, échangez vos idées. Organisez ces dernières dans une représentation graphique : dressez un tableau en deux colonnes, dans lesquelles vous indiquerez les indices visuels de la compétence (colonne de gauche) et ses indices oraux (colonne de droite).

1. Les personnes de la photo ont-elles des questions ?

2. Pourquoi ? Comment le sais-tu ? Quelles questions pourraient-elles poser ?

On voit (aspect visuel) : *Je regarde mon interlocuteur ; je suis calme, j'écoute attentivement et je réfléchis à ce que j'entends.*

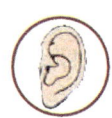

On entend (aspect oral) : *Je pose des questions par rapport à ce que j'ai entendu. J'écoute attentivement la réponse. Je poursuis la conversation.*

© **copyright** www.upbility.fr

3

Les grandes compétences sociales

Je partage

Les grandes compétences sociales - Je partage

Commencez par poser les questions suivantes à l'enfant. Quand il y aura répondu, échangez vos idées. Organisez ces dernières dans une représentation graphique : dressez un tableau en deux colonnes, dans lesquelles vous indiquerez les indices visuels de la compétence (colonne de gauche) et ses indices oraux (colonne de droite).

1. Est-ce que les personnes de la photo partagent quelque chose ?
2. Qu'est-ce qu'elles partagent ? Comment se sentent-elles, à ton avis ?

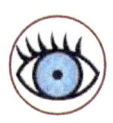

On voit (aspect visuel) : *Je reconnais les sentiments positifs éprouvés quand on partage quelque chose (par ex : on a l'air joyeux, enthousiaste, etc.)*

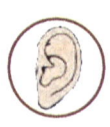

On entend (aspect oral) : *J'exprime mes sentiments quand quelqu'un partage quelque chose avec moi (par ex : "Tu es très gentil.le, généreux.se", etc.)*

© *copyright* www.upbility.fr

Les grandes compétences sociales - Je partage

Commencez par poser les questions suivantes à l'enfant. Quand il y aura répondu, échangez vos idées. Organisez ces dernières dans une représentation graphique : dressez un tableau en deux colonnes, dans lesquelles vous indiquerez les indices visuels de la compétence (colonne de gauche) et ses indices oraux (colonne de droite).

1. Est-ce que les personnes de la photo partagent quelque chose ?
2. Qu'est-ce qu'elles partagent ? Comment se sentent-elles, à ton avis ?

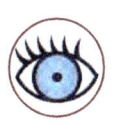

On voit (aspect visuel) : *Je reconnais les sentiments positifs éprouvés quand on partage quelque chose (par ex : on a l'air joyeux, enthousiaste, etc.)*

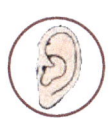

On entend (aspect oral) : *J'exprime mes sentiments quand quelqu'un partage quelque chose avec moi (par ex : "Tu es très gentil.le, généreux.se", etc.)*

Les grandes compétences sociales - Je partage

Commencez par poser les questions suivantes à l'enfant. Quand il y aura répondu, échangez vos idées. Organisez ces dernières dans une représentation graphique : dressez un tableau en deux colonnes, dans lesquelles vous indiquerez les indices visuels de la compétence (colonne de gauche) et ses indices oraux (colonne de droite).

1. Est-ce que les personnes de la photo partagent quelque chose ?
2. Qu'est-ce qu'elles partagent ? Comment se sentent-elles, à ton avis ?

On voit (aspect visuel) : *Je reconnais les sentiments positifs éprouvés quand on partage quelque chose (par ex : on a l'air joyeux, enthousiaste, etc.)*

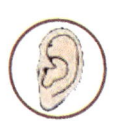

On entend (aspect oral) : *J'exprime mes sentiments quand quelqu'un partage quelque chose avec moi (par ex : "Tu es très gentil.le, généreux.se", etc.)*

Les grandes compétences sociales - Je partage

Commencez par poser les questions suivantes à l'enfant. Quand il y aura répondu, échangez vos idées. Organisez ces dernières dans une représentation graphique : dressez un tableau en deux colonnes, dans lesquelles vous indiquerez les indices visuels de la compétence (colonne de gauche) et ses indices oraux (colonne de droite).

1. Est-ce que les personnes de la photo partagent quelque chose ?
2. Qu'est-ce qu'elles partagent ? Comment se sentent-elles, à ton avis ?

On voit (aspect visuel) : *Je reconnais les sentiments positifs éprouvés quand on partage quelque chose (par ex : on a l'air joyeux, enthousiaste, etc.)*

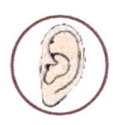

On entend (aspect oral) : *J'exprime mes sentiments quand quelqu'un partage quelque chose avec moi (par ex : "Tu es très gentil.le, généreux.se", etc.)*

Les grandes compétences sociales - Je partage

Commencez par poser les questions suivantes à l'enfant. Quand il y aura répondu, échangez vos idées. Organisez ces dernières dans une représentation graphique : dressez un tableau en deux colonnes, dans lesquelles vous indiquerez les indices visuels de la compétence (colonne de gauche) et ses indices oraux (colonne de droite).

1. Est-ce que les personnes de la photo partagent quelque chose ?
2. Qu'est-ce qu'elles partagent ? Comment se sentent-elles, à ton avis ?

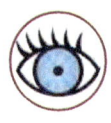

On voit (aspect visuel) : *Je reconnais les sentiments positifs éprouvés quand on partage quelque chose (par ex : on a l'air joyeux, enthousiaste, etc.)*

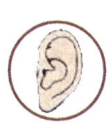

On entend (aspect oral) : *J'exprime mes sentiments quand quelqu'un partage quelque chose avec moi (par ex : "Tu es très gentil.le, généreux.se", etc.)*

© copyright www.upbility.fr

Les grandes compétences sociales - Je partage

Commencez par poser les questions suivantes à l'enfant. Quand il y aura répondu, échangez vos idées. Organisez ces dernières dans une représentation graphique : dressez un tableau en deux colonnes, dans lesquelles vous indiquerez les indices visuels de la compétence (colonne de gauche) et ses indices oraux (colonne de droite).

1. Est-ce que les personnes de la photo partagent quelque chose ?
2. Qu'est-ce qu'elles partagent ? Comment se sentent-elles, à ton avis ?

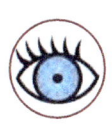

On voit (aspect visuel) : *Je reconnais les sentiments positifs éprouvés quand on partage quelque chose (par ex : on a l'air joyeux, enthousiaste, etc.)*

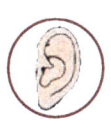

On entend (aspect oral) : *J'exprime mes sentiments quand quelqu'un partage quelque chose avec moi (par ex : "Tu es très gentil.le, généreux.se", etc.)*

Les grandes compétences sociales - Je partage

Commencez par poser les questions suivantes à l'enfant. Quand il y aura répondu, échangez vos idées. Organisez ces dernières dans une représentation graphique : dressez un tableau en deux colonnes, dans lesquelles vous indiquerez les indices visuels de la compétence (colonne de gauche) et ses indices oraux (colonne de droite).

1. Est-ce que les personnes de la photo partagent quelque chose ?
2. Qu'est-ce qu'elles partagent ? Comment se sentent-elles, à ton avis ?

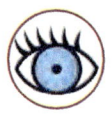

On voit (aspect visuel) : *Je reconnais les sentiments positifs éprouvés quand on partage quelque chose (par ex : on a l'air joyeux, enthousiaste, etc.)*

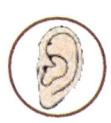

On entend (aspect oral) : *J'exprime mes sentiments quand quelqu'un partage quelque chose avec moi (par ex : "Tu es très gentil.le, généreux.se", etc.)*

© copyright www.upbility.fr

Les grandes compétences sociales - Je partage

Commencez par poser les questions suivantes à l'enfant. Quand il y aura répondu, échangez vos idées. Organisez ces dernières dans une représentation graphique : dressez un tableau en deux colonnes, dans lesquelles vous indiquerez les indices visuels de la compétence (colonne de gauche) et ses indices oraux (colonne de droite).

1. Est-ce que les personnes de la photo partagent quelque chose ?
2. Qu'est-ce qu'elles partagent ? Comment se sentent-elles, à ton avis ?

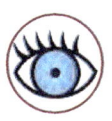

On voit (aspect visuel) : *Je reconnais les sentiments positifs éprouvés quand on partage quelque chose (par ex : on a l'air joyeux, enthousiaste, etc.)*

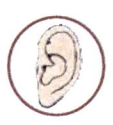

On entend (aspect oral) : *J'exprime mes sentiments quand quelqu'un partage quelque chose avec moi (par ex : "Tu es très gentil.le, généreux.se", etc.)*

Les grandes compétences sociales - Je partage

Commencez par poser les questions suivantes à l'enfant. Quand il y aura répondu, échangez vos idées. Organisez ces dernières dans une représentation graphique : dressez un tableau en deux colonnes, dans lesquelles vous indiquerez les indices visuels de la compétence (colonne de gauche) et ses indices oraux (colonne de droite).

1. Est-ce que les personnes de la photo partagent quelque chose ?
2. Qu'est-ce qu'elles partagent ? Comment se sentent-elles, à ton avis ?

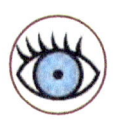

On voit (aspect visuel) : *Je reconnais les sentiments positifs éprouvés quand on partage quelque chose (par ex : on a l'air joyeux, enthousiaste, etc.)*

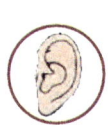

On entend (aspect oral) : *J'exprime mes sentiments quand quelqu'un partage quelque chose avec moi (par ex : "Tu es très gentil.le, généreux.se", etc.)*

© copyright www.upbility.fr

Les grandes compétences sociales - Je partage

Commencez par poser les questions suivantes à l'enfant. Quand il y aura répondu, échangez vos idées. Organisez ces dernières dans une représentation graphique : dressez un tableau en deux colonnes, dans lesquelles vous indiquerez les indices visuels de la compétence (colonne de gauche) et ses indices oraux (colonne de droite).

1. Est-ce que les personnes de la photo partagent quelque chose ?
2. Qu'est-ce qu'elles partagent ? Comment se sentent-elles, à ton avis ?

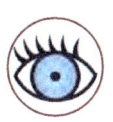

On voit (aspect visuel) : *Je reconnais les sentiments positifs éprouvés quand on partage quelque chose (par ex : on a l'air joyeux, enthousiaste, etc.)*

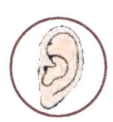

On entend (aspect oral) : *J'exprime mes sentiments quand quelqu'un partage quelque chose avec moi (par ex : "Tu es très gentil.le, généreux.se", etc.)*

4

Les grandes compétences sociales

Je coopère

Les grandes compétences sociales - Je coopère

Commencez par poser les questions suivantes à l'enfant. Quand il y aura répondu, échangez vos idées. Organisez ces dernières dans une représentation graphique : dressez un tableau en deux colonnes, dans lesquelles vous indiquerez les indices visuels de la compétence (colonne de gauche) et ses indices oraux (colonne de droite).

1. Les personnes de cette photo coopèrent-elles ?
2. Pourquoi coopèrent-elles ? Comment se sentent-elles, à ton avis ?

On voit (aspect visuel) : *Je reconnais les sentiments positifs éprouvés quand on coopère pour quelque chose (par ex : on a l'air joyeux, enthousiaste, etc.)*

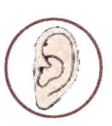

On entend (aspect oral) : *J'exprime mes sentiments quand je coopère avec quelqu'un (par ex : "J'ai le sentiment d'apporter quelque chose à mon groupe, je suis content.e", etc.)*

© copyright www.upbility.fr

Les grandes compétences sociales - Je coopère

Commencez par poser les questions suivantes à l'enfant. Quand il y aura répondu, échangez vos idées. Organisez ces dernières dans une représentation graphique : dressez un tableau en deux colonnes, dans lesquelles vous indiquerez les indices visuels de la compétence (colonne de gauche) et ses indices oraux (colonne de droite).

1. Les personnes de cette photo coopèrent-elles ?
2. Pourquoi coopèrent-elles ? Comment se sentent-elles, à ton avis ?

On voit (aspect visuel) : *Je reconnais les sentiments positifs éprouvés quand on coopère pour quelque chose (par ex : on a l'air joyeux, enthousiaste, etc.)*

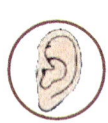

On entend (aspect oral) : *J'exprime mes sentiments quand je coopère avec quelqu'un (par ex : "J'ai le sentiment d'apporter quelque chose à mon groupe, je suis content.e", etc.)*

© *copyright* www.upbility.fr

Les grandes compétences sociales - Je coopère

Commencez par poser les questions suivantes à l'enfant. Quand il y aura répondu, échangez vos idées. Organisez ces dernières dans une représentation graphique : dressez un tableau en deux colonnes, dans lesquelles vous indiquerez les indices visuels de la compétence (colonne de gauche) et ses indices oraux (colonne de droite).

1. Les personnes de cette photo coopèrent-elles ?
2. Pourquoi coopèrent-elles ? Comment se sentent-elles, à ton avis ?

On voit (aspect visuel) : *Je reconnais les sentiments positifs éprouvés quand on coopère pour quelque chose (par ex : on a l'air joyeux, enthousiaste, etc.)*

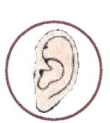

On entend (aspect oral) : *J'exprime mes sentiments quand je coopère avec quelqu'un (par ex : "J'ai le sentiment d'apporter quelque chose à mon groupe, je suis content.e", etc.)*

© copyright www.upbility.fr

Les grandes compétences sociales - Je coopère

Commencez par poser les questions suivantes à l'enfant. Quand il y aura répondu, échangez vos idées. Organisez ces dernières dans une représentation graphique : dressez un tableau en deux colonnes, dans lesquelles vous indiquerez les indices visuels de la compétence (colonne de gauche) et ses indices oraux (colonne de droite).

1. Les personnes de cette photo coopèrent-elles ?
2. Pourquoi coopèrent-elles ? Comment se sentent-elles, à ton avis ?

On voit (aspect visuel) : *Je reconnais les sentiments positifs éprouvés quand on coopère pour quelque chose (par ex : on a l'air joyeux, enthousiaste, etc.)*

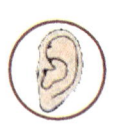

On entend (aspect oral) : *J'exprime mes sentiments quand je coopère avec quelqu'un (par ex : "J'ai le sentiment d'apporter quelque chose à mon groupe, je suis content.e", etc.)*

© **copyright** www.upbility.fr

Les grandes compétences sociales - Je coopère

Commencez par poser les questions suivantes à l'enfant. Quand il y aura répondu, échangez vos idées. Organisez ces dernières dans une représentation graphique : dressez un tableau en deux colonnes, dans lesquelles vous indiquerez les indices visuels de la compétence (colonne de gauche) et ses indices oraux (colonne de droite).

1. Les personnes de cette photo coopèrent-elles ?
2. Pourquoi coopèrent-elles ? Comment se sentent-elles, à ton avis ?

On voit (aspect visuel) : *Je reconnais les sentiments positifs éprouvés quand on coopère pour quelque chose (par ex : on a l'air joyeux, enthousiaste, etc.)*

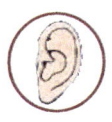

On entend (aspect oral) : *J'exprime mes sentiments quand je coopère avec quelqu'un (par ex : "J'ai le sentiment d'apporter quelque chose à mon groupe, je suis content.e", etc.)*

Les grandes compétences sociales - Je coopère

Commencez par poser les questions suivantes à l'enfant. Quand il y aura répondu, échangez vos idées. Organisez ces dernières dans une représentation graphique : dressez un tableau en deux colonnes, dans lesquelles vous indiquerez les indices visuels de la compétence (colonne de gauche) et ses indices oraux (colonne de droite).

1. Les personnes de cette photo coopèrent-elles ?
2. Pourquoi coopèrent-elles ? Comment se sentent-elles, à ton avis ?

On voit (aspect visuel) : *Je reconnais les sentiments positifs éprouvés quand on coopère pour quelque chose (par ex : on a l'air joyeux, enthousiaste, etc.)*

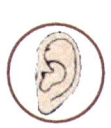

On entend (aspect oral) : *J'exprime mes sentiments quand je coopère avec quelqu'un (par ex : "J'ai le sentiment d'apporter quelque chose à mon groupe, je suis content.e", etc.)*

© *copyright* www.upbility.fr

Les grandes compétences sociales - Je coopère

Commencez par poser les questions suivantes à l'enfant. Quand il y aura répondu, échangez vos idées. Organisez ces dernières dans une représentation graphique : dressez un tableau en deux colonnes, dans lesquelles vous indiquerez les indices visuels de la compétence (colonne de gauche) et ses indices oraux (colonne de droite).

1. Les personnes de cette photo coopèrent-elles ?
2. Pourquoi coopèrent-elles ? Comment se sentent-elles, à ton avis ?

On voit (aspect visuel) : *Je reconnais les sentiments positifs éprouvés quand on coopère pour quelque chose (par ex : on a l'air joyeux, enthousiaste, etc.)*

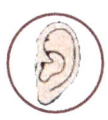

On entend (aspect oral) : *J'exprime mes sentiments quand je coopère avec quelqu'un (par ex : "J'ai le sentiment d'apporter quelque chose à mon groupe, je suis content.e", etc.)*

© *copyright* www.upbility.fr

Les grandes compétences sociales - Je coopère

Commencez par poser les questions suivantes à l'enfant. Quand il y aura répondu, échangez vos idées. Organisez ces dernières dans une représentation graphique : dressez un tableau en deux colonnes, dans lesquelles vous indiquerez les indices visuels de la compétence (colonne de gauche) et ses indices oraux (colonne de droite).

1. Les personnes de cette photo coopèrent-elles ?
2. Pourquoi coopèrent-elles ? Comment se sentent-elles, à ton avis ?

On voit (aspect visuel) : *Je reconnais les sentiments positifs éprouvés quand on coopère pour quelque chose (par ex : on a l'air joyeux, enthousiaste, etc.)*

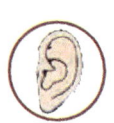

On entend (aspect oral) : *J'exprime mes sentiments quand je coopère avec quelqu'un (par ex : "J'ai le sentiment d'apporter quelque chose à mon groupe, je suis content.e", etc.)*

© *copyright* www.upbility.fr

Les grandes compétences sociales - Je coopère

Commencez par poser les questions suivantes à l'enfant. Quand il y aura répondu, échangez vos idées. Organisez ces dernières dans une représentation graphique : dressez un tableau en deux colonnes, dans lesquelles vous indiquerez les indices visuels de la compétence (colonne de gauche) et ses indices oraux (colonne de droite).

1. Les personnes de cette photo coopèrent-elles ?
2. Pourquoi coopèrent-elles ? Comment se sentent-elles, à ton avis ?

On voit (aspect visuel) : *Je reconnais les sentiments positifs éprouvés quand on coopère pour quelque chose (par ex : on a l'air joyeux, enthousiaste, etc.)*

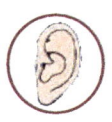

On entend (aspect oral) : *J'exprime mes sentiments quand je coopère avec quelqu'un (par ex : "J'ai le sentiment d'apporter quelque chose à mon groupe, je suis content.e", etc.)*

© copyright www.upbility.fr

Les grandes compétences sociales - Je coopère

Commencez par poser les questions suivantes à l'enfant. Quand il y aura répondu, échangez vos idées. Organisez ces dernières dans une représentation graphique : dressez un tableau en deux colonnes, dans lesquelles vous indiquerez les indices visuels de la compétence (colonne de gauche) et ses indices oraux (colonne de droite).

1. Les personnes de cette photo coopèrent-elles ?
2. Pourquoi coopèrent-elles ? Comment se sentent-elles, à ton avis ?

On voit (aspect visuel) : *Je reconnais les sentiments positifs éprouvés quand on coopère pour quelque chose (par ex : on a l'air joyeux, enthousiaste, etc.)*

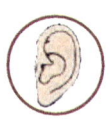

On entend (aspect oral) : *J'exprime mes sentiments quand je coopère avec quelqu'un (par ex : "J'ai le sentiment d'apporter quelque chose à mon groupe, je suis content.e", etc.)*

5

Les grandes compétences sociales

Je respecte les règles

Les grandes compétences sociales - Je respecte les règles

Commencez par poser les questions suivantes à l'enfant. Quand il y aura répondu, échangez vos idées. Organisez ces dernières dans une représentation graphique : dressez un tableau en deux colonnes, dans lesquelles vous indiquerez les indices visuels de la compétence (colonne de gauche) et ses indices oraux (colonne de droite).

1. Est-ce que les personnes sur cette photo suivent des règles ?
2. Quelles règles suivent-elles ? Comment le sais-tu ?

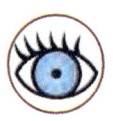

On voit (aspect visuel) : *J'identifie les règles de mon groupe.*

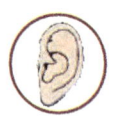

On entend (aspect oral) : *Je respecte les règles de mon groupe.*

© copyright www.upbility.fr

Les grandes compétences sociales - Je respecte les règles

Commencez par poser les questions suivantes à l'enfant. Quand il y aura répondu, échangez vos idées. Organisez ces dernières dans une représentation graphique : dressez un tableau en deux colonnes, dans lesquelles vous indiquerez les indices visuels de la compétence (colonne de gauche) et ses indices oraux (colonne de droite).

1. Est-ce que les personnes sur cette photo suivent des règles ?
2. Quelles règles suivent-elles ? Comment le sais-tu ?

On voit (aspect visuel) : *J'identifie les règles de mon groupe.*

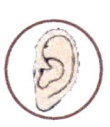

On entend (aspect oral) : *Je respecte les règles de mon groupe.*

Les grandes compétences sociales - Je respecte les règles

Commencez par poser les questions suivantes à l'enfant. Quand il y aura répondu, échangez vos idées. Organisez ces dernières dans une représentation graphique : dressez un tableau en deux colonnes, dans lesquelles vous indiquerez les indices visuels de la compétence (colonne de gauche) et ses indices oraux (colonne de droite).

1. Est-ce que les personnes sur cette photo suivent des règles ?
2. Quelles règles suivent-elles ? Comment le sais-tu ?

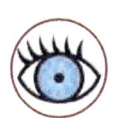

On voit (aspect visuel) : *J'identifie les règles de mon groupe.*

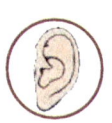

On entend (aspect oral) : *Je respecte les règles de mon groupe.*

Les grandes compétences sociales - Je respecte les règles

Commencez par poser les questions suivantes à l'enfant. Quand il y aura répondu, échangez vos idées. Organisez ces dernières dans une représentation graphique : dressez un tableau en deux colonnes, dans lesquelles vous indiquerez les indices visuels de la compétence (colonne de gauche) et ses indices oraux (colonne de droite).

1. Est-ce que les personnes sur cette photo suivent des règles ?
2. Quelles règles suivent-elles ? Comment le sais-tu ?

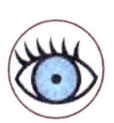

On voit (aspect visuel) : *J'identifie les règles de mon groupe.*

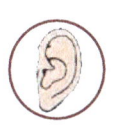

On entend (aspect oral) : *Je respecte les règles de mon groupe.*

Les grandes compétences sociales - Je respecte les règles

Commencez par poser les questions suivantes à l'enfant. Quand il y aura répondu, échangez vos idées. Organisez ces dernières dans une représentation graphique : dressez un tableau en deux colonnes, dans lesquelles vous indiquerez les indices visuels de la compétence (colonne de gauche) et ses indices oraux (colonne de droite).

1. Est-ce que les personnes sur cette photo suivent des règles ?
2. Quelles règles suivent-elles ? Comment le sais-tu ?

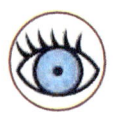

On voit (aspect visuel) : *J'identifie les règles de mon groupe.*

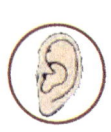

On entend (aspect oral) : *Je respecte les règles de mon groupe.*

Les grandes compétences sociales - Je respecte les règles

Commencez par poser les questions suivantes à l'enfant. Quand il y aura répondu, échangez vos idées. Organisez ces dernières dans une représentation graphique : dressez un tableau en deux colonnes, dans lesquelles vous indiquerez les indices visuels de la compétence (colonne de gauche) et ses indices oraux (colonne de droite).

1. Est-ce que l'homme sur cette photo suit des règles ?

2. Quelles règles suit-il ? Comment le sais-tu ?

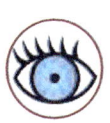

On voit (aspect visuel) : *J'identifie les règles de mon groupe.*

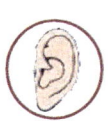

On entend (aspect oral) : *Je respecte les règles de mon groupe.*

Les grandes compétences sociales - Je respecte les règles

Commencez par poser les questions suivantes à l'enfant. Quand il y aura répondu, échangez vos idées. Organisez ces dernières dans une représentation graphique : dressez un tableau en deux colonnes, dans lesquelles vous indiquerez les indices visuels de la compétence (colonne de gauche) et ses indices oraux (colonne de droite).

1. Est-ce que les personnes sur cette photo suivent des règles ?
2. Quelles règles suivent-elles ? Comment le sais-tu ?

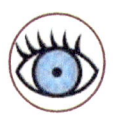

On voit (aspect visuel) : *J'identifie les règles de mon groupe.*

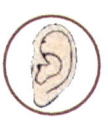

On entend (aspect oral) : *Je respecte les règles de mon groupe.*

© copyright www.upbility.fr

Les grandes compétences sociales - Je respecte les règles

Commencez par poser les questions suivantes à l'enfant. Quand il y aura répondu, échangez vos idées. Organisez ces dernières dans une représentation graphique : dressez un tableau en deux colonnes, dans lesquelles vous indiquerez les indices visuels de la compétence (colonne de gauche) et ses indices oraux (colonne de droite).

1. Est-ce que les personnes sur cette photo suivent des règles ?
2. Quelles règles suivent-elles ? Comment le sais-tu ?

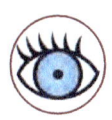

On voit (aspect visuel) : *J'identifie les règles de mon groupe.*

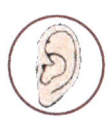

On entend (aspect oral) : *Je respecte les règles de mon groupe.*

Les grandes compétences sociales - Je respecte les règles

Commencez par poser les questions suivantes à l'enfant. Quand il y aura répondu, échangez vos idées. Organisez ces dernières dans une représentation graphique : dressez un tableau en deux colonnes, dans lesquelles vous indiquerez les indices visuels de la compétence (colonne de gauche) et ses indices oraux (colonne de droite).

1. Est-ce que les personnes sur cette photo suivent des règles ?
2. Quelles règles suivent-elles ? Comment le sais-tu ?

On voit (aspect visuel) : *J'identifie les règles de mon groupe.*

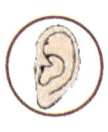

On entend (aspect oral) : *Je respecte les règles de mon groupe.*

Les grandes compétences sociales - Je respecte les règles

Commencez par poser les questions suivantes à l'enfant. Quand il y aura répondu, échangez vos idées. Organisez ces dernières dans une représentation graphique : dressez un tableau en deux colonnes, dans lesquelles vous indiquerez les indices visuels de la compétence (colonne de gauche) et ses indices oraux (colonne de droite).

1. Est-ce que les personnes sur cette photo suivent des règles ?
2. Quelles règles suivent-elles ? Comment le sais-tu ?

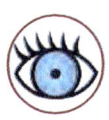

On voit (aspect visuel) : *J'identifie les règles de mon groupe.*

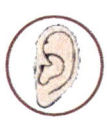

On entend (aspect oral) : *Je respecte les règles de mon groupe.*

6

Les grandes compétences sociales

Nous prenons des décisions communes

Les grandes compétences sociales - Nous prenons des décisions communes

Commencez par poser les questions suivantes à l'enfant. Quand il y aura répondu, échangez vos idées. Organisez ces dernières dans une représentation graphique : dressez un tableau en deux colonnes, dans lesquelles vous indiquerez les indices visuels de la compétence (colonne de gauche) et ses indices oraux (colonne de droite).

1. Les personnes sur cette photo doivent-elles prendre une décision ?

2. Quelle(s) décision(s) commune(s) doivent-elles prendre ?

On voit (aspect visuel) : *Je fais attention aux avis exprimés par les autres personnes du groupe.*

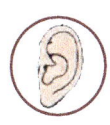

On entend (aspect oral) : *Je donne mon avis et je l'explique, en utilisant des arguments.*

Les grandes compétences sociales - Nous prenons des décisions communes

Commencez par poser les questions suivantes à l'enfant. Quand il y aura répondu, échangez vos idées. Organisez ces dernières dans une représentation graphique : dressez un tableau en deux colonnes, dans lesquelles vous indiquerez les indices visuels de la compétence (colonne de gauche) et ses indices oraux (colonne de droite).

1. Les personnes sur cette photo doivent-elles prendre une décision ?

2. Quelle(s) décision(s) commune(s) doivent-elles prendre ?

On voit (aspect visuel) : *Je fais attention aux avis exprimés par les autres personnes du groupe.*

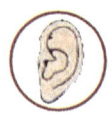

On entend (aspect oral) : *Je donne mon avis et je l'explique, en utilisant des arguments.*

Les grandes compétences sociales - Nous prenons des décisions communes

Commencez par poser les questions suivantes à l'enfant. Quand il y aura répondu, échangez vos idées. Organisez ces dernières dans une représentation graphique : dressez un tableau en deux colonnes, dans lesquelles vous indiquerez les indices visuels de la compétence (colonne de gauche) et ses indices oraux (colonne de droite).

1. Les personnes sur cette photo doivent-elles prendre une décision ?

2. Quelle(s) décision(s) commune(s) doivent-elles prendre ?

On voit (aspect visuel) : *Je fais attention aux avis exprimés par les autres personnes du groupe.*

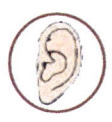

On entend (aspect oral) : *Je donne mon avis et je l'explique, en utilisant des arguments.*

Les grandes compétences sociales - Nous prenons des décisions communes

Commencez par poser les questions suivantes à l'enfant. Quand il y aura répondu, échangez vos idées. Organisez ces dernières dans une représentation graphique : dressez un tableau en deux colonnes, dans lesquelles vous indiquerez les indices visuels de la compétence (colonne de gauche) et ses indices oraux (colonne de droite).

1. Les personnes sur cette photo doivent-elles prendre une décision ?

2. Quelle(s) décision(s) commune(s) doivent-elles prendre ?

On voit (aspect visuel) : *Je fais attention aux avis exprimés par les autres personnes du groupe.*

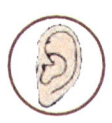

On entend (aspect oral) : *Je donne mon avis et je l'explique, en utilisant des arguments.*

© *copyright* www.upbility.fr

Les grandes compétences sociales - Nous prenons des décisions communes

Commencez par poser les questions suivantes à l'enfant. Quand il y aura répondu, échangez vos idées. Organisez ces dernières dans une représentation graphique : dressez un tableau en deux colonnes, dans lesquelles vous indiquerez les indices visuels de la compétence (colonne de gauche) et ses indices oraux (colonne de droite).

1. Les personnes sur cette photo doivent-elles prendre une décision ?

2. Quelle(s) décision(s) commune(s) doivent-elles prendre ?

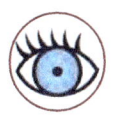

On voit (aspect visuel) : *Je fais attention aux avis exprimés par les autres personnes du groupe.*

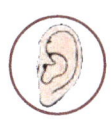

On entend (aspect oral) : *Je donne mon avis et je l'explique, en utilisant des arguments.*

© copyright www.upbility.fr

Les grandes compétences sociales - Nous prenons des décisions communes

Commencez par poser les questions suivantes à l'enfant. Quand il y aura répondu, échangez vos idées. Organisez ces dernières dans une représentation graphique : dressez un tableau en deux colonnes, dans lesquelles vous indiquerez les indices visuels de la compétence (colonne de gauche) et ses indices oraux (colonne de droite).

1. Les personnes sur cette photo doivent-elles prendre une décision ?

2. Quelle(s) décision(s) commune(s) doivent-elles prendre ?

On voit (aspect visuel) : *Je fais attention aux avis exprimés par les autres personnes du groupe.*

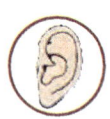

On entend (aspect oral) : *Je donne mon avis et je l'explique, en utilisant des arguments.*

Les grandes compétences sociales - Nous prenons des décisions communes

Commencez par poser les questions suivantes à l'enfant. Quand il y aura répondu, échangez vos idées. Organisez ces dernières dans une représentation graphique : dressez un tableau en deux colonnes, dans lesquelles vous indiquerez les indices visuels de la compétence (colonne de gauche) et ses indices oraux (colonne de droite).

1. Les personnes sur cette photo doivent-elles prendre une décision ?

2. Quelle(s) décision(s) commune(s) doivent-elles prendre ?

On voit (aspect visuel) : *Je fais attention aux avis exprimés par les autres personnes du groupe.*

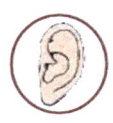

On entend (aspect oral) : *Je donne mon avis et je l'explique, en utilisant des arguments.*

Les grandes compétences sociales - Nous prenons des décisions communes

Commencez par poser les questions suivantes à l'enfant. Quand il y aura répondu, échangez vos idées. Organisez ces dernières dans une représentation graphique : dressez un tableau en deux colonnes, dans lesquelles vous indiquerez les indices visuels de la compétence (colonne de gauche) et ses indices oraux (colonne de droite).

1. Les personnes sur cette photo doivent-elles prendre une décision ?
2. Quelle(s) décision(s) commune(s) doivent-elles prendre ?

On voit (aspect visuel) : *Je fais attention aux avis exprimés par les autres personnes du groupe.*

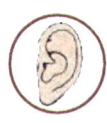

On entend (aspect oral) : *Je donne mon avis et je l'explique, en utilisant des arguments.*

© *copyright* www.upbility.fr

Les grandes compétences sociales - Nous prenons des décisions communes

Commencez par poser les questions suivantes à l'enfant. Quand il y aura répondu, échangez vos idées. Organisez ces dernières dans une représentation graphique : dressez un tableau en deux colonnes, dans lesquelles vous indiquerez les indices visuels de la compétence (colonne de gauche) et ses indices oraux (colonne de droite).

1. Les personnes sur cette photo doivent-elles prendre une décision ?

2. Quelle(s) décision(s) commune(s) doivent-elles prendre ?

On voit (aspect visuel) : *Je fais attention aux avis exprimés par les autres personnes du groupe.*

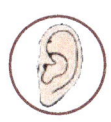

On entend (aspect oral) : *Je donne mon avis et je l'explique, en utilisant des arguments.*

Les grandes compétences sociales - Nous prenons des décisions communes

Commencez par poser les questions suivantes à l'enfant. Quand il y aura répondu, échangez vos idées. Organisez ces dernières dans une représentation graphique : dressez un tableau en deux colonnes, dans lesquelles vous indiquerez les indices visuels de la compétence (colonne de gauche) et ses indices oraux (colonne de droite).

1. Les personnes sur cette photo doivent-elles prendre une décision ?

2. Quelle(s) décision(s) commune(s) doivent-elles prendre ?

On voit (aspect visuel) : *Je fais attention aux avis exprimés par les autres personnes du groupe.*

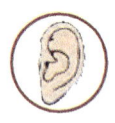

On entend (aspect oral) : *Je donne mon avis et je l'explique, en utilisant des arguments.*

© *copyright* www.upbility.fr

7

Les grandes compétences sociales

J'accepte la différence

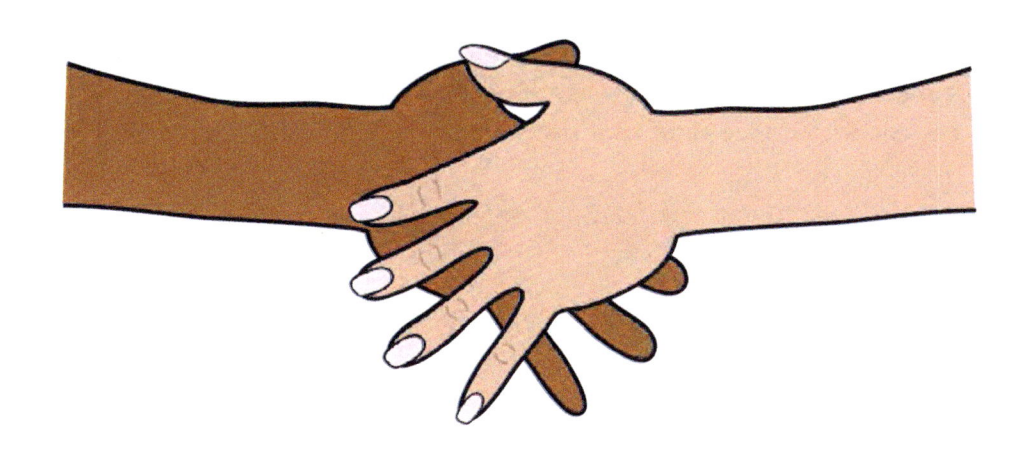

Les grandes compétences sociales - J'accepte la différence

Commencez par poser les questions suivantes à l'enfant. Quand il y aura répondu, échangez vos idées. Organisez ces dernières dans une représentation graphique : dressez un tableau en deux colonnes, dans lesquelles vous indiquerez les indices visuels de la compétence (colonne de gauche) et ses indices oraux (colonne de droite).

1. Est-ce que l'une (ou plusieurs) des personnes de la photo diffère(nt) des autres ?
2. Pourquoi ? Comment le sais-tu ?

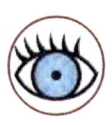

On voit (aspect visuel) : *Je respecte la différence des autres. On apprend des choses l'un de l'autre.*

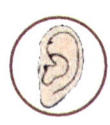

On entend (aspect oral) : *Je connais vraiment quelqu'un, au-delà de son apparence ou de la manière dont il parle ou agit.*

© copyright www.upbility.fr

Les grandes compétences sociales - J'accepte la différence

Commencez par poser les questions suivantes à l'enfant. Quand il y aura répondu, échangez vos idées. Organisez ces dernières dans une représentation graphique : dressez un tableau en deux colonnes, dans lesquelles vous indiquerez les indices visuels de la compétence (colonne de gauche) et ses indices oraux (colonne de droite).

1. Est-ce que l'une (ou plusieurs) des personnes de la photo diffère(nt) des autres ?
2. Pourquoi ? Comment le sais-tu ?

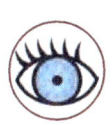

On voit (aspect visuel) : *Je respecte la différence des autres. On apprend des choses l'un de l'autre.*

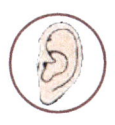

On entend (aspect oral) : *Je connais vraiment quelqu'un, au-delà de son apparence ou de la manière dont il parle ou agit.*

Les grandes compétences sociales - J'accepte la différence

Commencez par poser les questions suivantes à l'enfant. Quand il y aura répondu, échangez vos idées. Organisez ces dernières dans une représentation graphique : dressez un tableau en deux colonnes, dans lesquelles vous indiquerez les indices visuels de la compétence (colonne de gauche) et ses indices oraux (colonne de droite).

1. Est-ce que l'une (ou plusieurs) des personnes de la photo diffère(nt) des autres ?
2. Pourquoi ? Comment le sais-tu ?

On voit (aspect visuel) : *Je respecte la différence des autres. On apprend des choses l'un de l'autre.*

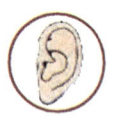

On entend (aspect oral) : *Je connais vraiment quelqu'un, au-delà de son apparence ou de la manière dont il parle ou agit.*

Les grandes compétences sociales - J'accepte la différence

Commencez par poser les questions suivantes à l'enfant. Quand il y aura répondu, échangez vos idées. Organisez ces dernières dans une représentation graphique : dressez un tableau en deux colonnes, dans lesquelles vous indiquerez les indices visuels de la compétence (colonne de gauche) et ses indices oraux (colonne de droite).

1. Est-ce que l'une (ou plusieurs) des personnes de la photo diffère(nt) des autres ?
2. Pourquoi ? Comment le sais-tu ?

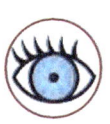

On voit (aspect visuel) : *Je respecte la différence des autres. On apprend des choses l'un de l'autre.*

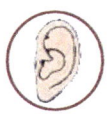

On entend (aspect oral) : *Je connais vraiment quelqu'un, au-delà de son apparence ou de la manière dont il parle ou agit.*

© *copyright* www.upbility.fr

Les grandes compétences sociales - J'accepte la différence

Commencez par poser les questions suivantes à l'enfant. Quand il y aura répondu, échangez vos idées. Organisez ces dernières dans une représentation graphique : dressez un tableau en deux colonnes, dans lesquelles vous indiquerez les indices visuels de la compétence (colonne de gauche) et ses indices oraux (colonne de droite).

1. Est-ce que l'une (ou plusieurs) des personnes de la photo diffère(nt) des autres ?
2. Pourquoi ? Comment le sais-tu ?

On voit (aspect visuel) : *Je respecte la différence des autres. On apprend des choses l'un de l'autre.*

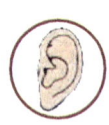

On entend (aspect oral) : *Je connais vraiment quelqu'un, au-delà de son apparence ou de la manière dont il parle ou agit.*

Les grandes compétences sociales - J'accepte la différence

Commencez par poser les questions suivantes à l'enfant. Quand il y aura répondu, échangez vos idées. Organisez ces dernières dans une représentation graphique : dressez un tableau en deux colonnes, dans lesquelles vous indiquerez les indices visuels de la compétence (colonne de gauche) et ses indices oraux (colonne de droite).

1. Est-ce que l'une (ou plusieurs) des personnes de la photo diffère(nt) des autres ?

2. Pourquoi ? Comment le sais-tu ?

On voit (aspect visuel) : *Je respecte la différence des autres. On apprend des choses l'un de l'autre.*

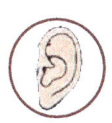

On entend (aspect oral) : *Je connais vraiment quelqu'un, au-delà de son apparence ou de la manière dont il parle ou agit.*

© *copyright* www.upbility.fr

Les grandes compétences sociales - J'accepte la différence

Commencez par poser les questions suivantes à l'enfant. Quand il y aura répondu, échangez vos idées. Organisez ces dernières dans une représentation graphique : dressez un tableau en deux colonnes, dans lesquelles vous indiquerez les indices visuels de la compétence (colonne de gauche) et ses indices oraux (colonne de droite).

1. Est-ce que l'une (ou plusieurs) des personnes de la photo diffère(nt) des autres ?

2. Pourquoi ? Comment le sais-tu ?

On voit (aspect visuel) : *Je respecte la différence des autres. On apprend des choses l'un de l'autre.*

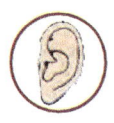

On entend (aspect oral) : *Je connais vraiment quelqu'un, au-delà de son apparence ou de la manière dont il parle ou agit.*

Les grandes compétences sociales - J'accepte la différence

Commencez par poser les questions suivantes à l'enfant. Quand il y aura répondu, échangez vos idées. Organisez ces dernières dans une représentation graphique : dressez un tableau en deux colonnes, dans lesquelles vous indiquerez les indices visuels de la compétence (colonne de gauche) et ses indices oraux (colonne de droite).

1. Est-ce que l'une (ou plusieurs) des personnes de la photo diffère(nt) des autres ?

2. Pourquoi ? Comment le sais-tu ?

On voit (aspect visuel) : *Je respecte la différence des autres. On apprend des choses l'un de l'autre.*

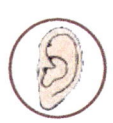

On entend (aspect oral) : *Je connais vraiment quelqu'un, au-delà de son apparence ou de la manière dont il parle ou agit.*

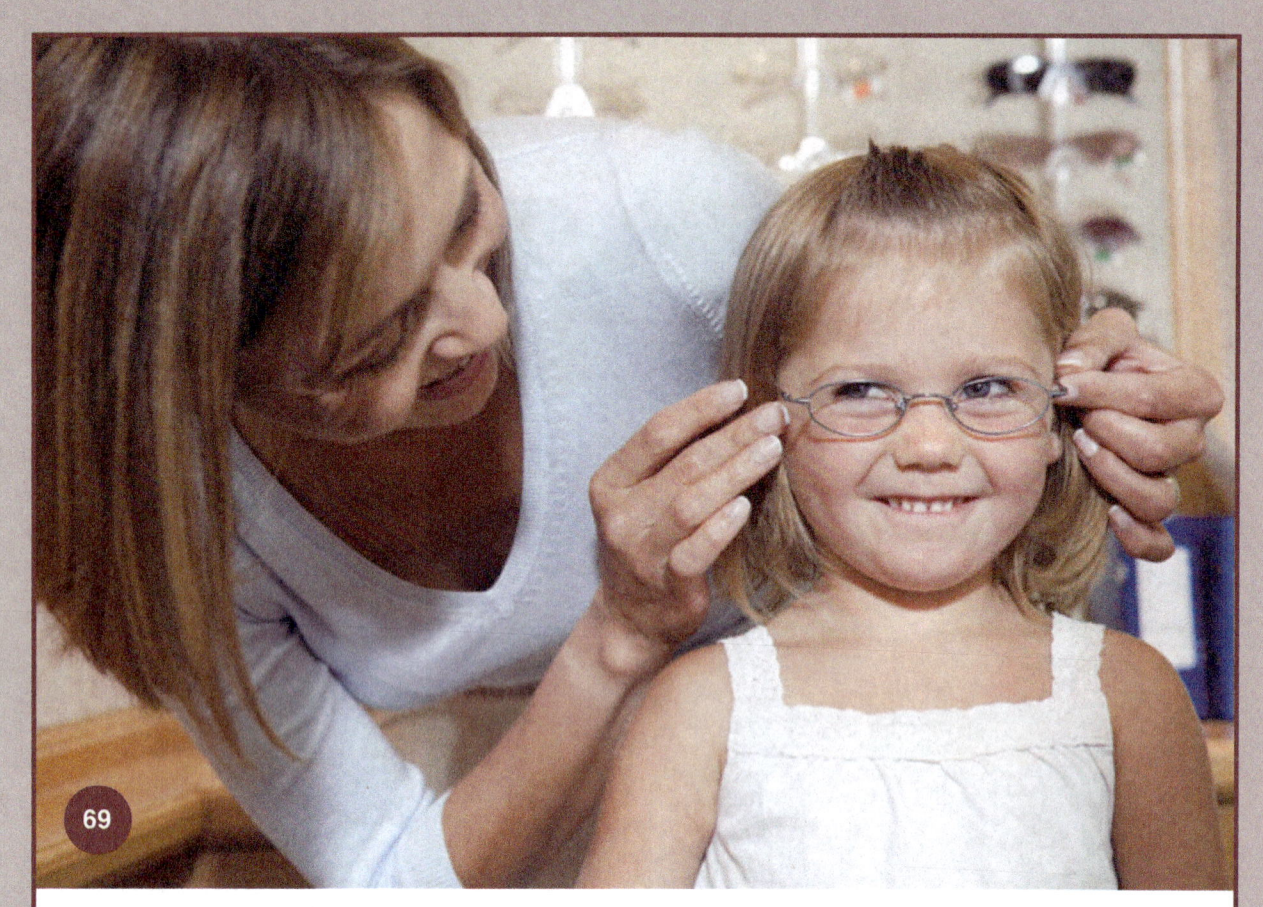

Les grandes compétences sociales - J'accepte la différence

Commencez par poser les questions suivantes à l'enfant. Quand il y aura répondu, échangez vos idées. Organisez ces dernières dans une représentation graphique : dressez un tableau en deux colonnes, dans lesquelles vous indiquerez les indices visuels de la compétence (colonne de gauche) et ses indices oraux (colonne de droite).

1. Est-ce que l'une (ou plusieurs) des personnes de la photo diffère(nt) des autres ?
2. Pourquoi ? Comment le sais-tu ?

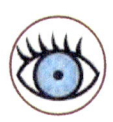

On voit (aspect visuel) : *Je respecte la différence des autres. On apprend des choses l'un de l'autre.*

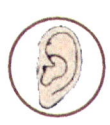

On entend (aspect oral) : *Je connais vraiment quelqu'un, au-delà de son apparence ou de la manière dont il parle ou agit.*

Les grandes compétences sociales - J'accepte la différence

Commencez par poser les questions suivantes à l'enfant. Quand il y aura répondu, échangez vos idées. Organisez ces dernières dans une représentation graphique : dressez un tableau en deux colonnes, dans lesquelles vous indiquerez les indices visuels de la compétence (colonne de gauche) et ses indices oraux (colonne de droite).

1. Est-ce que l'une (ou plusieurs) des personnes de la photo diffère(nt) des autres ?
2. Pourquoi ? Comment le sais-tu ?

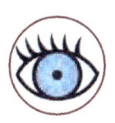

On voit (aspect visuel) : *Je respecte la différence des autres. On apprend des choses l'un de l'autre.*

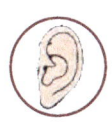

On entend (aspect oral) : *Je connais vraiment quelqu'un, au-delà de son apparence ou de la manière dont il parle ou agit.*

8

Les grandes compétences sociales

Mes modèles

Les grandes compétences sociales - Mes modèles

Commencez par poser les questions suivantes à l'enfant. Quand il y aura répondu, échangez vos idées. Organisez ces dernières dans une représentation graphique : dressez un tableau en deux colonnes, dans lesquelles vous indiquerez les indices visuels de la compétence (colonne de gauche) et ses indices oraux (colonne de droite).

1. Est-ce que la personne sur cette photo peut servir de modèle ?
2. Quel genre de modèle ce pourrait être ?

On voit (aspect visuel) : *Mes modèles sont des personnes ou des organisations que j'admire pour différentes raisons.*

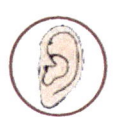

On entend (aspect oral) : *J'explique les critères qui font que j'ai choisi mes modèles.*

Les grandes compétences sociales - Mes modèles

Commencez par poser les questions suivantes à l'enfant. Quand il y aura répondu, échangez vos idées. Organisez ces dernières dans une représentation graphique : dressez un tableau en deux colonnes, dans lesquelles vous indiquerez les indices visuels de la compétence (colonne de gauche) et ses indices oraux (colonne de droite).

1. Est-ce que la personne sur cette photo peut servir de modèle ?
2. Quel genre de modèle ce pourrait être ?

On voit (aspect visuel) : *Mes modèles sont des personnes ou des organisations que j'admire pour différentes raisons.*

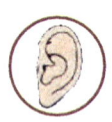

On entend (aspect oral) : *J'explique les critères qui font que j'ai choisi mes modèles.*

Les grandes compétences sociales - Mes modèles

Commencez par poser les questions suivantes à l'enfant. Quand il y aura répondu, échangez vos idées. Organisez ces dernières dans une représentation graphique : dressez un tableau en deux colonnes, dans lesquelles vous indiquerez les indices visuels de la compétence (colonne de gauche) et ses indices oraux (colonne de droite).

1. Est-ce que la personne sur cette photo peut servir de modèle ?
2. Quel genre de modèle ce pourrait être ?

On voit (aspect visuel) : *Mes modèles sont des personnes ou des organisations que j'admire pour différentes raisons.*

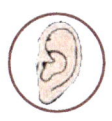

On entend (aspect oral) : *J'explique les critères qui font que j'ai choisi mes modèles.*

Les grandes compétences sociales - Mes modèles

Commencez par poser les questions suivantes à l'enfant. Quand il y aura répondu, échangez vos idées. Organisez ces dernières dans une représentation graphique : dressez un tableau en deux colonnes, dans lesquelles vous indiquerez les indices visuels de la compétence (colonne de gauche) et ses indices oraux (colonne de droite).

1. Est-ce que la personne sur cette photo peut servir de modèle ?
2. Quel genre de modèle ce pourrait être ?

On voit (aspect visuel) : *Mes modèles sont des personnes ou des organisations que j'admire pour différentes raisons.*

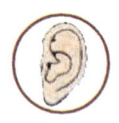

On entend (aspect oral) : *J'explique les critères qui font que j'ai choisi mes modèles.*

Les grandes compétences sociales - Mes modèles

Commencez par poser les questions suivantes à l'enfant. Quand il y aura répondu, échangez vos idées. Organisez ces dernières dans une représentation graphique : dressez un tableau en deux colonnes, dans lesquelles vous indiquerez les indices visuels de la compétence (colonne de gauche) et ses indices oraux (colonne de droite).

1. Est-ce que la personne sur cette photo peut servir de modèle ?
2. Quel genre de modèle ce pourrait être ?

On voit (aspect visuel) : *Mes modèles sont des personnes ou des organisations que j'admire pour différentes raisons.*

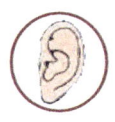

On entend (aspect oral) : *J'explique les critères qui font que j'ai choisi mes modèles.*

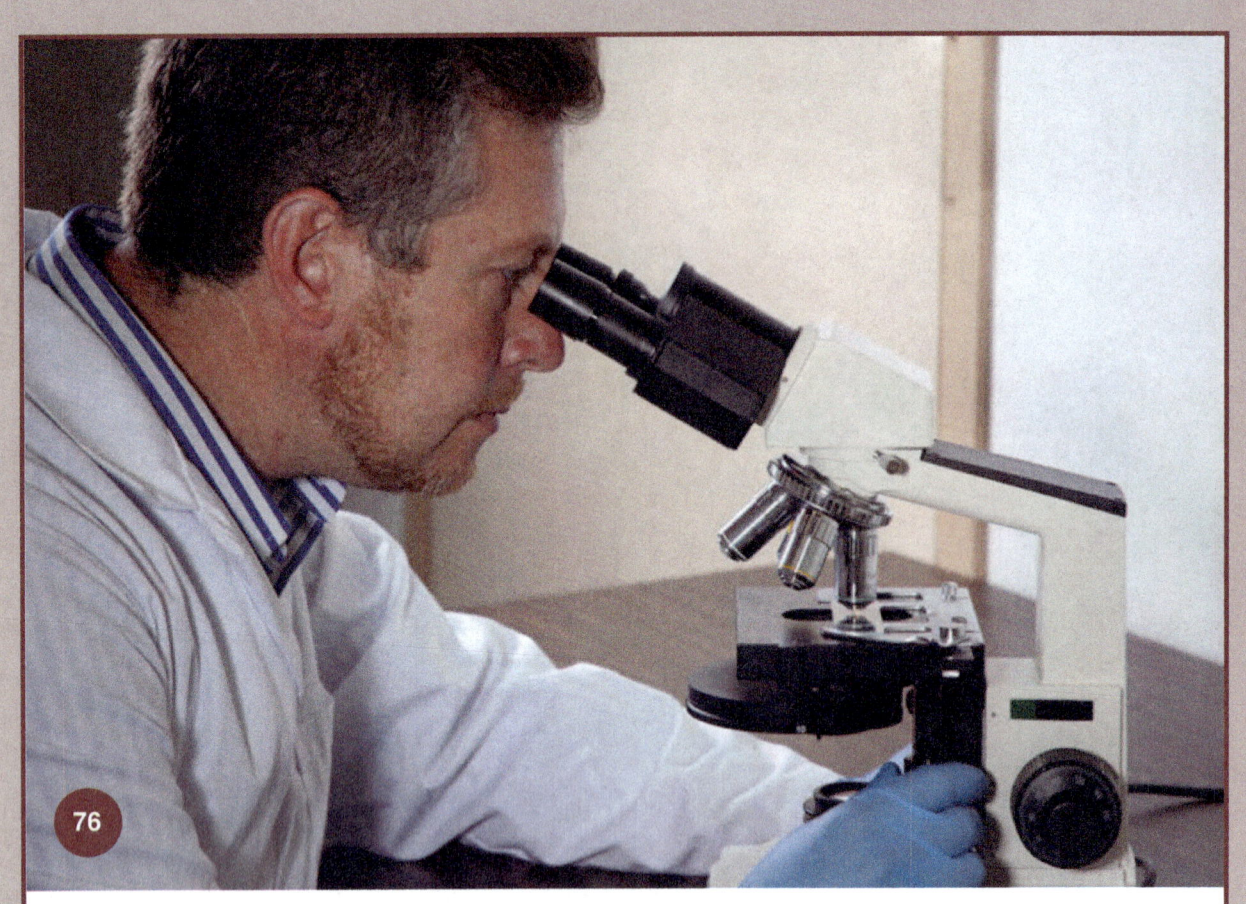

Les grandes compétences sociales - Mes modèles

Commencez par poser les questions suivantes à l'enfant. Quand il y aura répondu, échangez vos idées. Organisez ces dernières dans une représentation graphique : dressez un tableau en deux colonnes, dans lesquelles vous indiquerez les indices visuels de la compétence (colonne de gauche) et ses indices oraux (colonne de droite).

1. Est-ce que la personne sur cette photo peut servir de modèle ?
2. Quel genre de modèle ce pourrait être ?

On voit (aspect visuel) : *Mes modèles sont des personnes ou des organisations que j'admire pour différentes raisons.*

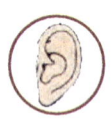

On entend (aspect oral) : *J'explique les critères qui font que j'ai choisi mes modèles.*

Les grandes compétences sociales - Mes modèles

Commencez par poser les questions suivantes à l'enfant. Quand il y aura répondu, échangez vos idées. Organisez ces dernières dans une représentation graphique : dressez un tableau en deux colonnes, dans lesquelles vous indiquerez les indices visuels de la compétence (colonne de gauche) et ses indices oraux (colonne de droite).

1. Est-ce que la personne/l'association sur cette photo peut servir de modèle ?
2. Quel genre de modèle ce pourrait être ?

On voit (aspect visuel) : *Mes modèles sont des personnes ou des organisations que j'admire pour différentes raisons.*

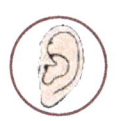

On entend (aspect oral) : *J'explique les critères qui font que j'ai choisi mes modèles.*

Les grandes compétences sociales - Mes modèles

Commencez par poser les questions suivantes à l'enfant. Quand il y aura répondu, échangez vos idées. Organisez ces dernières dans une représentation graphique : dressez un tableau en deux colonnes, dans lesquelles vous indiquerez les indices visuels de la compétence (colonne de gauche) et ses indices oraux (colonne de droite).

1. Est-ce que la personne/l'association sur cette photo peut servir de modèle ?
2. Quel genre de modèle ce pourrait être ?

On voit (aspect visuel) : *Mes modèles sont des personnes ou des organisations que j'admire pour différentes raisons.*

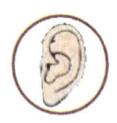

On entend (aspect oral) : *J'explique les critères qui font que j'ai choisi mes modèles.*

Les grandes compétences sociales - Mes modèles

Commencez par poser les questions suivantes à l'enfant. Quand il y aura répondu, échangez vos idées. Organisez ces dernières dans une représentation graphique : dressez un tableau en deux colonnes, dans lesquelles vous indiquerez les indices visuels de la compétence (colonne de gauche) et ses indices oraux (colonne de droite).

1. Est-ce que l'organisme sur cette photo peut servir de modèle ?
2. Quel genre de modèle ce pourrait être ?

On voit (aspect visuel) : *Mes modèles sont des personnes ou des organisations que j'admire pour différentes raisons.*

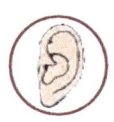

On entend (aspect oral) : *J'explique les critères qui font que j'ai choisi mes modèles.*

Les grandes compétences sociales - Mes modèles

Commencez par poser les questions suivantes à l'enfant. Quand il y aura répondu, échangez vos idées. Organisez ces dernières dans une représentation graphique : dressez un tableau en deux colonnes, dans lesquelles vous indiquerez les indices visuels de la compétence (colonne de gauche) et ses indices oraux (colonne de droite).

1. Est-ce que la personne sur cette photo peut servir de modèle ?
2. Quel genre de modèle ce pourrait être ?

On voit (aspect visuel) : *Mes modèles sont des personnes ou des organisations que j'admire pour différentes raisons.*

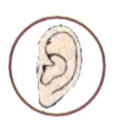

On entend (aspect oral) : *J'explique les critères qui font que j'ai choisi mes modèles.*

g

Les grandes compétences sociales

L'identité du groupe

Les grandes compétences sociales - L'identité du groupe

Commencez par poser les questions suivantes à l'enfant. Quand il y aura répondu, échangez vos idées. Organisez ces dernières dans une représentation graphique : dressez un tableau en deux colonnes, dans lesquelles vous indiquerez les indices visuels de la compétence (colonne de gauche) et ses indices oraux (colonne de droite).

1. Les personnes sur cette photo font partie d'un groupe. Ce groupe a-t-il une identité ?
2. Pourquoi ? Comment le sais-tu ?

On voit (aspect visuel) : *L'identité d'un groupe s'exprime via son nom, son apparence, ses symboles. J'observe pour identifier ceux-ci.*

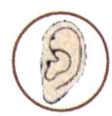

On entend (aspect oral) : *Je nomme les caractéristiques qui déterminent l'identité d'un groupe.*

Les grandes compétences sociales - L'identité du groupe

Commencez par poser les questions suivantes à l'enfant. Quand il y aura répondu, échangez vos idées. Organisez ces dernières dans une représentation graphique : dressez un tableau en deux colonnes, dans lesquelles vous indiquerez les indices visuels de la compétence (colonne de gauche) et ses indices oraux (colonne de droite).

1. Les personnes sur cette photo font partie d'un groupe. Ce groupe a-t-il une identité ?
2. Pourquoi ? Comment le sais-tu ?

On voit (aspect visuel) : *L'identité d'un groupe s'exprime via son nom, son apparence, ses symboles. J'observe pour identifier ceux-ci.*

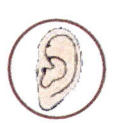

On entend (aspect oral) : *Je nomme les caractéristiques qui déterminent l'identité d'un groupe.*

Les grandes compétences sociales - L'identité du groupe

Commencez par poser les questions suivantes à l'enfant. Quand il y aura répondu, échangez vos idées. Organisez ces dernières dans une représentation graphique : dressez un tableau en deux colonnes, dans lesquelles vous indiquerez les indices visuels de la compétence (colonne de gauche) et ses indices oraux (colonne de droite).

1. Les personnes sur cette photo font partie d'un groupe. Ce groupe a-t-il une identité ?
2. Pourquoi ? Comment le sais-tu ?

On voit (aspect visuel) : *L'identité d'un groupe s'exprime via son nom, son apparence, ses symboles. J'observe pour identifier ceux-ci.*

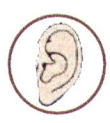

On entend (aspect oral) : *Je nomme les caractéristiques qui déterminent l'identité d'un groupe.*

© copyright www.upbility.fr

Les grandes compétences sociales - L'identité du groupe

Commencez par poser les questions suivantes à l'enfant. Quand il y aura répondu, échangez vos idées. Organisez ces dernières dans une représentation graphique : dressez un tableau en deux colonnes, dans lesquelles vous indiquerez les indices visuels de la compétence (colonne de gauche) et ses indices oraux (colonne de droite).

1. Les personnes sur cette photo font partie d'un groupe. Ce groupe a-t-il une identité ?

2. Pourquoi ? Comment le sais-tu ?

On voit (aspect visuel) : *L'identité d'un groupe s'exprime via son nom, son apparence, ses symboles. J'observe pour identifier ceux-ci.*

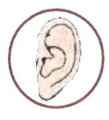

On entend (aspect oral) : *Je nomme les caractéristiques qui déterminent l'identité d'un groupe.*

Les grandes compétences sociales - L'identité du groupe

Commencez par poser les questions suivantes à l'enfant. Quand il y aura répondu, échangez vos idées. Organisez ces dernières dans une représentation graphique : dressez un tableau en deux colonnes, dans lesquelles vous indiquerez les indices visuels de la compétence (colonne de gauche) et ses indices oraux (colonne de droite).

1. Les personnes sur cette photo font partie d'un groupe. Ce groupe a-t-il une identité ?
2. Pourquoi ? Comment le sais-tu ?

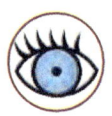

On voit (aspect visuel) : *L'identité d'un groupe s'exprime via son nom, son apparence, ses symboles. J'observe pour identifier ceux-ci.*

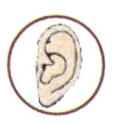

On entend (aspect oral) : *Je nomme les caractéristiques qui déterminent l'identité d'un groupe.*

Les grandes compétences sociales - L'identité du groupe

Commencez par poser les questions suivantes à l'enfant. Quand il y aura répondu, échangez vos idées. Organisez ces dernières dans une représentation graphique : dressez un tableau en deux colonnes, dans lesquelles vous indiquerez les indices visuels de la compétence (colonne de gauche) et ses indices oraux (colonne de droite).

1. Les personnes sur cette photo font partie d'un groupe. Ce groupe a-t-il une identité ?
2. Pourquoi ? Comment le sais-tu ?

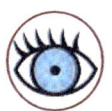

On voit (aspect visuel) : *L'identité d'un groupe s'exprime via son nom, son apparence, ses symboles. J'observe pour identifier ceux-ci.*

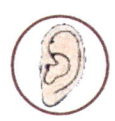

On entend (aspect oral) : *Je nomme les caractéristiques qui déterminent l'identité d'un groupe.*

Les grandes compétences sociales - L'identité du groupe

Commencez par poser les questions suivantes à l'enfant. Quand il y aura répondu, échangez vos idées. Organisez ces dernières dans une représentation graphique : dressez un tableau en deux colonnes, dans lesquelles vous indiquerez les indices visuels de la compétence (colonne de gauche) et ses indices oraux (colonne de droite).

1. Les personnes sur cette photo font partie d'un groupe. Ce groupe a-t-il une identité ?
2. Pourquoi ? Comment le sais-tu ?

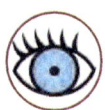

On voit (aspect visuel) : *L'identité d'un groupe s'exprime via son nom, son apparence, ses symboles. J'observe pour identifier ceux-ci.*

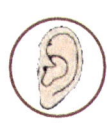

On entend (aspect oral) : *Je nomme les caractéristiques qui déterminent l'identité d'un groupe.*

© copyright www.upbility.fr

Les grandes compétences sociales - L'identité du groupe

Commencez par poser les questions suivantes à l'enfant. Quand il y aura répondu, échangez vos idées. Organisez ces dernières dans une représentation graphique : dressez un tableau en deux colonnes, dans lesquelles vous indiquerez les indices visuels de la compétence (colonne de gauche) et ses indices oraux (colonne de droite).

1. Les personnes sur cette photo font partie d'un groupe. Ce groupe a-t-il une identité ?

2. Pourquoi ? Comment le sais-tu ?

On voit (aspect visuel) : *L'identité d'un groupe s'exprime via son nom, son apparence, ses symboles. J'observe pour identifier ceux-ci.*

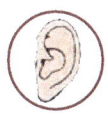

On entend (aspect oral) : *Je nomme les caractéristiques qui déterminent l'identité d'un groupe.*

Les grandes compétences sociales - L'identité du groupe

Commencez par poser les questions suivantes à l'enfant. Quand il y aura répondu, échangez vos idées. Organisez ces dernières dans une représentation graphique : dressez un tableau en deux colonnes, dans lesquelles vous indiquerez les indices visuels de la compétence (colonne de gauche) et ses indices oraux (colonne de droite).

1. Les personnes sur cette photo font partie d'un groupe. Ce groupe a-t-il une identité ?
2. Pourquoi ? Comment le sais-tu ?

On voit (aspect visuel) : *L'identité d'un groupe s'exprime via son nom, son apparence, ses symboles. J'observe pour identifier ceux-ci.*

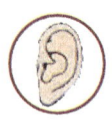

On entend (aspect oral) : *Je nomme les caractéristiques qui déterminent l'identité d'un groupe.*

Les grandes compétences sociales - L'identité du groupe

Commencez par poser les questions suivantes à l'enfant. Quand il y aura répondu, échangez vos idées. Organisez ces dernières dans une représentation graphique : dressez un tableau en deux colonnes, dans lesquelles vous indiquerez les indices visuels de la compétence (colonne de gauche) et ses indices oraux (colonne de droite).

1. Les personnes sur cette photo font partie d'un groupe. Ce groupe a-t-il une identité ?
2. Pourquoi ? Comment le sais-tu ?

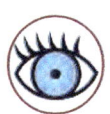

On voit (aspect visuel) : *L'identité d'un groupe s'exprime via son nom, son apparence, ses symboles. J'observe pour identifier ceux-ci.*

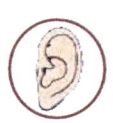

On entend (aspect oral) : *Je nomme les caractéristiques qui déterminent l'identité d'un groupe.*

10

Les grandes compétences sociales

De vrais amis

Les grandes compétences sociales - De vrais amis

Commencez par poser les questions suivantes à l'enfant. Quand il y aura répondu, échangez vos idées. Organisez ces dernières dans une représentation graphique : dressez un tableau en deux colonnes, dans lesquelles vous indiquerez les indices visuels de la compétence (colonne de gauche) et ses indices oraux (colonne de droite).

1. Les personnes sur cette photo sont-elles de vrai.e.s ami.e.s ?
2. Pourquoi ? Comment le sais-tu ?

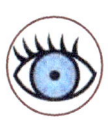

On voit (aspect visuel) : *Je reconnais les sentiments positifs éprouvés dans une vraie relation d'amitié (par ex : on a l'air joyeux, enthousiaste, encourageant, etc.)*

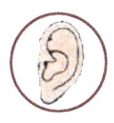

On entend (aspect oral) : *J'exprime mes sentiments quand je suis avec un.e véritable ami.e (par ex : "J'ai de la chance que tu sois mon ami.e", etc.)*

Les grandes compétences sociales - De vrais amis

Commencez par poser les questions suivantes à l'enfant. Quand il y aura répondu, échangez vos idées. Organisez ces dernières dans une représentation graphique : dressez un tableau en deux colonnes, dans lesquelles vous indiquerez les indices visuels de la compétence (colonne de gauche) et ses indices oraux (colonne de droite).

1. Les personnes sur cette photo sont-elles de vrai.e.s ami.e.s ?
2. Pourquoi ? Comment le sais-tu ?

On voit (aspect visuel) : *Je reconnais les sentiments positifs éprouvés dans une vraie relation d'amitié (par ex : on a l'air joyeux, enthousiaste, encourageant, etc.)*

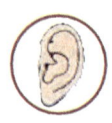

On entend (aspect oral) : *J'exprime mes sentiments quand je suis avec un.e véritable ami.e (par ex : "J'ai de la chance que tu sois mon ami.e", etc.)*

Les grandes compétences sociales - De vrais amis

Commencez par poser les questions suivantes à l'enfant. Quand il y aura répondu, échangez vos idées. Organisez ces dernières dans une représentation graphique : dressez un tableau en deux colonnes, dans lesquelles vous indiquerez les indices visuels de la compétence (colonne de gauche) et ses indices oraux (colonne de droite).

1. Les personnes sur cette photo sont-elles de vrai.e.s ami.e.s ?
2. Pourquoi ? Comment le sais-tu ?

On voit (aspect visuel) : *Je reconnais les sentiments positifs éprouvés dans une vraie relation d'amitié (par ex : on a l'air joyeux, enthousiaste, encourageant, etc.)*

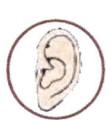

On entend (aspect oral) : *J'exprime mes sentiments quand je suis avec un.e véritable ami.e (par ex : "J'ai de la chance que tu sois mon ami.e", etc.)*

© copyright www.upbility.fr

Les grandes compétences sociales - De vrais amis

Commencez par poser les questions suivantes à l'enfant. Quand il y aura répondu, échangez vos idées. Organisez ces dernières dans une représentation graphique : dressez un tableau en deux colonnes, dans lesquelles vous indiquerez les indices visuels de la compétence (colonne de gauche) et ses indices oraux (colonne de droite).

1. Les personnes sur cette photo sont-elles de vrai.e.s ami.e.s ?
2. Pourquoi ? Comment le sais-tu ?

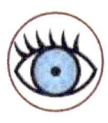

On voit (aspect visuel) : *Je reconnais les sentiments positifs éprouvés dans une vraie relation d'amitié (par ex : on a l'air joyeux, enthousiaste, encourageant, etc.)*

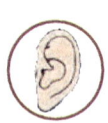

On entend (aspect oral) : *J'exprime mes sentiments quand je suis avec un.e véritable ami.e (par ex : "J'ai de la chance que tu sois mon ami.e", etc.)*

© copyright www.upbility.fr

Les grandes compétences sociales - De vrais amis

Commencez par poser les questions suivantes à l'enfant. Quand il y aura répondu, échangez vos idées. Organisez ces dernières dans une représentation graphique : dressez un tableau en deux colonnes, dans lesquelles vous indiquerez les indices visuels de la compétence (colonne de gauche) et ses indices oraux (colonne de droite).

1. Les personnes sur cette photo sont-elles de vrai.e.s ami.e.s ?
2. Pourquoi ? Comment le sais-tu ?

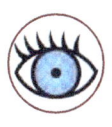

On voit (aspect visuel) : *Je reconnais les sentiments positifs éprouvés dans une vraie relation d'amitié (par ex : on a l'air joyeux, enthousiaste, encourageant, etc.)*

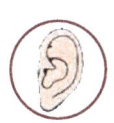

On entend (aspect oral) : *J'exprime mes sentiments quand je suis avec un.e véritable ami.e (par ex : "J'ai de la chance que tu sois mon ami.e", etc.)*

Les grandes compétences sociales - De vrais amis

Commencez par poser les questions suivantes à l'enfant. Quand il y aura répondu, échangez vos idées. Organisez ces dernières dans une représentation graphique : dressez un tableau en deux colonnes, dans lesquelles vous indiquerez les indices visuels de la compétence (colonne de gauche) et ses indices oraux (colonne de droite).

1. Les personnes sur cette photo sont-elles de vrai.e.s ami.e.s ?
2. Pourquoi ? Comment le sais-tu ?

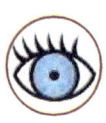

On voit (aspect visuel) : *Je reconnais les sentiments positifs éprouvés dans une vraie relation d'amitié (par ex : on a l'air joyeux, enthousiaste, encourageant, etc.)*

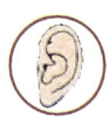

On entend (aspect oral) : *J'exprime mes sentiments quand je suis avec un.e véritable ami.e (par ex : "J'ai de la chance que tu sois mon ami.e", etc.)*

Les grandes compétences sociales - De vrais amis

Commencez par poser les questions suivantes à l'enfant. Quand il y aura répondu, échangez vos idées. Organisez ces dernières dans une représentation graphique : dressez un tableau en deux colonnes, dans lesquelles vous indiquerez les indices visuels de la compétence (colonne de gauche) et ses indices oraux (colonne de droite).

1. Les personnes sur cette photo sont-elles de vrai.e.s ami.e.s ?
2. Pourquoi ? Comment le sais-tu ?

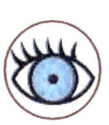

On voit (aspect visuel) : *Je reconnais les sentiments positifs éprouvés dans une vraie relation d'amitié (par ex : on a l'air joyeux, enthousiaste, encourageant, etc.)*

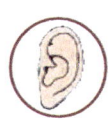

On entend (aspect oral) : *J'exprime mes sentiments quand je suis avec un.e véritable ami.e (par ex : "J'ai de la chance que tu sois mon ami.e", etc.)*

Les grandes compétences sociales - De vrais amis

Commencez par poser les questions suivantes à l'enfant. Quand il y aura répondu, échangez vos idées. Organisez ces dernières dans une représentation graphique : dressez un tableau en deux colonnes, dans lesquelles vous indiquerez les indices visuels de la compétence (colonne de gauche) et ses indices oraux (colonne de droite).

1. Les personnes sur cette photo sont-elles de vrai.e.s ami.e.s ?
2. Pourquoi ? Comment le sais-tu ?

On voit (aspect visuel) : *Je reconnais les sentiments positifs éprouvés dans une vraie relation d'amitié (par ex : on a l'air joyeux, enthousiaste, encourageant, etc.)*

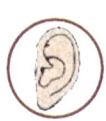

On entend (aspect oral) : *J'exprime mes sentiments quand je suis avec un.e véritable ami.e (par ex : "J'ai de la chance que tu sois mon ami.e", etc.)*

© copyright www.upbility.fr

Les grandes compétences sociales - De vrais amis

Commencez par poser les questions suivantes à l'enfant. Quand il y aura répondu, échangez vos idées. Organisez ces dernières dans une représentation graphique : dressez un tableau en deux colonnes, dans lesquelles vous indiquerez les indices visuels de la compétence (colonne de gauche) et ses indices oraux (colonne de droite).

1. Les personnes sur cette photo sont-elles de vrai.e.s ami.e.s ?
2. Pourquoi ? Comment le sais-tu ?

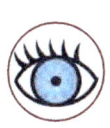

On voit (aspect visuel) : *Je reconnais les sentiments positifs éprouvés dans une vraie relation d'amitié (par ex : on a l'air joyeux, enthousiaste, encourageant, etc.)*

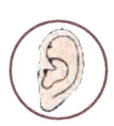

On entend (aspect oral) : *J'exprime mes sentiments quand je suis avec un.e véritable ami.e (par ex : "J'ai de la chance que tu sois mon ami.e", etc.)*

© copyright www.upbility.fr

Les grandes compétences sociales - De vrais amis

Commencez par poser les questions suivantes à l'enfant. Quand il y aura répondu, échangez vos idées. Organisez ces dernières dans une représentation graphique : dressez un tableau en deux colonnes, dans lesquelles vous indiquerez les indices visuels de la compétence (colonne de gauche) et ses indices oraux (colonne de droite).

1. Les personnes sur cette photo sont-elles de vrai.e.s ami.e.s ?
2. Pourquoi ? Comment le sais-tu ?

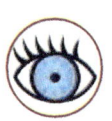

On voit (aspect visuel) : *Je reconnais les sentiments positifs éprouvés dans une vraie relation d'amitié (par ex : on a l'air joyeux, enthousiaste, encourageant, etc.)*

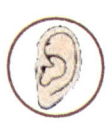

On entend (aspect oral) : *J'exprime mes sentiments quand je suis avec un.e véritable ami.e (par ex : "J'ai de la chance que tu sois mon ami.e", etc.)*

© copyright www.upbility.fr

upbility
Éditeur de Ressources Pédagogiques

Les droits de propriété intellectuelle de ce livre appartiennent à son auteur et à son éditeur. Toute reproduction de son contenu sans autorisation écrite de ses propriétaires est interdite. Toute violation de ces droits constitue un délit.

SKU: FR-EB1091

Printed by Amazon Italia Logistica S.r.l.
Torrazza Piemonte (TO), Italy